复旦大学

光华人文杰出学者

讲座丛书

仪礼与佛教研究

[美]太史文 著 余欣、翟旻昊 编译

生活·讀書·新知 三联书店

Simplified Chinese Copyright © 2022 by SDX Joint Publishing Company.
All Rights Reserved.
本作品简体中文版权由生活·读书·新知三联书店所有。
未经许可,不得翻印。

图书在版编目(CIP)数据

仪礼与佛教研究/(美)太史文著;余欣,翟旻昊编译.—北京:生活·读书·新知三联书店,2022.3
(复旦大学光华人文杰出学者讲座丛书)
ISBN 978-7-108-07292-4

Ⅰ.①仪… Ⅱ.①太…②余…③翟… Ⅲ.①汉传佛教-宗教仪式-研究-中国 Ⅳ.① B945

中国版本图书馆 CIP 数据核字(2022)第 004566 号

特约编辑	吴	彬
责任编辑	赵庆丰	
装帧设计	罗 洪 薛 宇	
责任校对	陈	明
责任印制	张雅丽	
出版发行	生活·讀書·新知 三联书店	
	(北京市东城区美术馆东街 22 号 100010)	
网 址	www.sdxjpc.com	
经 销	新华书店	
印 刷	河北鹏润印刷有限公司	
版 次	2022 年 3 月北京第 1 版	
	2022 年 3 月北京第 1 次印刷	
开 本	787 毫米 × 1092 毫米 1/32 印张 6	
字 数	100 千字 图 12 幅	
印 数	0,001-3,000 册	
定 价	59.00 元	

(印装查询:01064002715;邮购查询:01084010542)

目 录

1　**自　序**

5　**译者序**

1　第一讲　佛教仪礼与人文学科

27　第二讲　佛教世界中的做功德

65　第三讲　疗以善业：中古佛教患文

107　第四讲　语言、文体和表演

148　参考文献

172　出版后记

自 序

二〇一四年能在复旦大学主讲光华人文杰出学者讲座是我的巨大荣幸。这个系列讲座——包括四次每次两小时的中文演讲——不只促使我完成了本书的初稿,它还给了我能用中文与我的同道们紧密合作、阐释我的看法的宝贵机会。尽管我主要在西方接受教育、从事教研,但这些年来我在中国和其他亚洲国家的经历对我的成长也不可或缺。我希望这本书不只对学术研究有所贡献,同时也能见证东西合作、中美合作的价值。

我构思这本书时心中设想的是中国读者,而且也不打算出版英文版。这里面有什么不同呢?首先,在我的祖国之外发表我的研究促使我考虑到本土与国外同道之间的区别。在我平时教学的地方,我是研究世界宗教历史的宗教研究系的一员。除了少数以亚洲语言为工作语言的同事,与同道对话时我需要提供不少与主题相关的背景信息。而在中国,数十年来我最亲密的同道们都是中国的历史学家和文献学者。

因此,与写给西方读者的作品相比,这本书的部分内容可能写得更为宽泛。第一讲介绍了推动人文学科尤其是哲学、历史编纂学和宗教学理论发展的一些论辩。尽管有强加给读者我的个人自传的风险,我还是叙述了过去三十年来自己的思想历程,以此来呈现西方学界的学科发展。第二讲也是为了中国读者而设计的。这一讲探寻了中国佛教思想及实践的印度前身。中国佛教从印度和中亚先驱那里所受的恩惠,并不总是容易为当代中国读者所了解。这一领域的重要作品主要都是以西文或日语写成的。

由于我的中国同行们对中国语言、文献及书籍史有更精深的了解,这本书的其他部分则更专门和深入。第三、第四两讲分析了诸如前现代中国的文学体裁、措辞、表演性及物质层面的文本生成等问题。如果用英语写作的话,这样的分析以及为了让人领会的解释恐怕会非常不同且长得多。

过去的五年多里,与余欣教授——二〇一四年复旦讲座的策划者以及本书的编辑——持续的讨论,不断充实着这本书。他帮助我斟酌了系列讲座的主题及顺序,既引领我徜徉于我们共同学术领域(敦煌学和中古中国)的复杂性之中,又让我见识到中文PowerPoint软件的独特性。本书的译者，是随后来到普林斯顿大学继续博士学习的翟旻昊，也证明了他作为译者的极大价值。毫不夸张地说，余教授、旻昊和我仔细推敲了本书的每个词，辩论了其中的大半，并修改了至少四分之一的篇幅。对我而言（可能对他们并非如是），这些交流是以中文演讲并出版这本书的最大好处。旻昊同时也见证了我与他练习中文发音的艰辛时光，因为每一讲我都会排练好几遍。

从二〇一四年的光华人文杰出学者讲座开始，复旦大学及上海地区的老师和同学们为本书的修改提出了不少问题、批评和其他信息。我尤其得益于复旦大学"三陈一葛"（陈允吉、陈尚君、陈引驰和葛兆光）的厚谊。他们是中国佛教文献、中国文学与文献和中国思想史领域的引路人。我感谢他们。

本书作为合作性产物的另一证明，就是其中几个部分来源于我在亚洲、欧洲和北美所教过的讨论课和工作坊。我感谢所有的资助者和参与者，包括海德堡科学院（二〇一一）、中国敦煌吐鲁番学会年会（北京，二〇一三）、法国远东科学院索安（Anna Seidel）纪念讲座（京都，二〇一四）、不列颠哥伦比亚大学和清华大学东亚宗教冬令营（四川峨眉山，二〇一四）、敦煌学国际联络委员会年会（普林斯顿大学，二〇一四）、京都大学人文科学研究所（二〇一四）、Hwei Tai 工作坊（斯坦福大学，二〇一五）、四川大学俗文化研究所（二〇一六）、哥伦比亚大学愿文工作坊（二〇一八）。

译者序

摆在读者眼前的这本书脱胎于太史文教授二〇一四年在复旦大学主讲的"光华人文杰出学者讲座"。在这次系列讲座中,太史文教授重点介绍了他近年来对敦煌斋文的思考。在中国学者所做的校录、定名、分类、整理等工作的基础上,太史文教授更关注如何将西方理论引入对斋文所呈现的仪礼的研究之中。同时,他也指出这些仪礼并非为汉传佛教所独有。通过与汉地以外佛教文化中相关仪礼在结构上的比较,他试图揭示佛教作为一种宗教的"泛亚洲"特性。

太史文教授最早为中国读者所熟悉是因为他的处女作《中国中世纪的鬼节》(Stephen F. Teiser, *The Ghost Festival in Medieval China*, Princeton University Press, 1988)[1]。在该

---

[1]《幽灵的节日:中国中世纪的信仰与生活》,侯旭东译,浙江人民出版社一九九九年。再版改题为《中国中世纪的鬼节》,上海人民出版社二〇一六年。侯旭东为该书撰写的译者序详细介绍了该书的内容和观点,此处不赘。此外,还可参看杨继东为该书撰写的书评,载《唐研究》第2卷,北京大学出版社一九九六年,470—474页。

书中，作者广泛采撷正史、佛经、注疏、变文等材料中对盂兰盆节的记录，以盂兰盆节为切入口，勾勒出当时的佛教徒对死后世界、本土宗教、祖先崇拜以及佛教与家庭关系的复杂看法。作者的第二本著作《〈十王经〉与中国中世纪佛教冥界的形成》（Stephen F. Teiser, *The Scripture on the Ten Kings and the Making of Purgatory in Medieval Chinese Buddhism*, Honolulu: University of Hawai i Press, 1994）[1]，指出中国佛教对死后世界的理解，与印度模式有所不同。在印度模式中，往往更强调的是轮回，即人死后再转生至六道之一当中。至于在死后和转生之间，有些部派认为存在着一个被称为"中有"（*antarābhava*）的阶段。这个阶段的存在说明人在死后和转生之间存在着一个过渡阶段，而处于这个过渡阶段中的生命本身需要等待合适的"生缘"才能够转生。等待机缘的时间以七天为限，如未能出现则需再次经历生死。而这个过程最多只能持续七次，四十九天之内任何生命必将因其前世业力找到转生的去处。在中国佛教当中，为了解决人们对于这四十九天的焦虑，一种

---

[1] 《〈十王经〉与中国中世纪佛教冥界的形成》，张煜译，上海古籍出版社二〇一六年。在中文版当中，作者专门撰写了新的序言，全面回顾了二十余年来"十王"研究的新进展，值得参看。对该书的评述，还可参读杨继东的书评，载《唐研究》第3卷，北京大学出版社一九九七年，482—486页。

融合了儒家丧葬观念的新的时序被发明出来。在这个时间表当中,除了七七日外,又增加了人死后一百天、一年和三年这三个节点。而作者所讨论的《十王经》正是建立在这个时间表的基础上:在每一个时间节点,都有一位相应的王,勘察死者前世的善恶业力。在这十王中,既有阎罗王这样印度宗教中掌管死后世界的神祇,也有太山王这样灵感来源于中国本土生死信仰的神灵。

《〈十王经〉与中国中世纪佛教冥界的形成》一书可以被认为是作者第一部书中个别章节的扩充与深化。但同时,作者在第一部书中,虽然使用了诸如《目连救母变文》之类敦煌文书,但仍多注目于其文献价值,致力于获取其中所包含的历史宗教信息。而在第二本书中,作者对敦煌材料的使用手段则更为多维。除了对《十王经》本身的讨论,作者还花费不少篇幅讨论了不同写本的物质形态及写本题记所揭示的《十王经》的接受史。如果说作者的第一部书还只是应用写本材料的话,那么第二部书则更全面体现了写本学的关怀与方法。

作者对佛教中死后世界的兴趣亦持续到了他的第三部专著[1]。在该书中,太史文教授集中讨论了不同佛教文化中

---

1 Stephen F. Teiser, *Reinventing the Wheel: Paintings of Rebirth in Medieval Buddhist Temples*, Seattle: University of Washington Press, 2006.

对"轮回图"的处理方式。他指出,尽管不同区域不同载体上的"轮回图"在细节上各有特点,但也共享了一些基本元素。作者着重说明了这些共享的元素(包括轴、辐、辋)如何被用来创造性地表达佛教义理知识。他还认为以这些基本元素为基础,赞助人的兴趣、寺院僧侣的倾向、工匠画师的职业训练、观看者的组成都会对作品的最终呈现形态有重要影响。与前两本书相比,作者在这里体现了两种跨越:一是书中应用了大量壁画、石窟、浮雕等图像和考古材料,而非作者所熟悉的文字性文献;二是作者的讨论并不局限于汉传佛教所影响的区域,古代西藏地区以及中亚、印度也被纳入作者的视野之中。

除了以上具体的个案研究以外,太史文教授还对中国宗教研究的宏观问题颇感兴趣。早在一九九五年,受加拿大英属哥伦比亚大学欧大年(Daniel L. Overmyer)教授之邀,太史文教授为研究计划"中国宗教:领域的现状"(Chinese Religion: The State of the Field)撰写了民间宗教(popular religion)部分[1]。在这篇综述当中,他从解析民间宗教的概念入手,以"宗教与家族""宇宙观、占卜及道

---

1 Stephen F. Teiser, "Popular Religion," *Journal of Asian Studies* 54, no. 2 (May 1995): 378-395.

德观""通过仪式""神祇"为纲目,全面回顾了西方学界二十世纪对中国民间宗教的研究,可以说已经成为该领域最重要的指南之一。

一九九六年,太史文教授又为普林斯顿大学出版社出版的史料集《实践中的中国宗教》撰写了长篇序言[1]。在这篇序言中,他指出,三教模式(儒、释、道)长久以来被视作理解和认识中国宗教的支配性图示。虽然这一模式存在着种种问题,但仍然有必要从其各自的起源及构成入手,分析这三者是如何获得其地位并最终构成这一模式的。作者认为,三教模式的支配地位排除了很多广泛存在于中国历史中的思想和实践,遮蔽了历史上游逸于这一理论体系之外的其他声音。更重要的是,他认为所谓的三教并不能看作地位相称的三个实体。历史上,它们拥有各自独特的领域:"儒"主要关注政治哲学和价值观;"道"强调生命和神仙体系;"释"则主要提供了一种解脱的路径。将它们都看作形式相似的"教"(teachings)实际上是一种以今律古的视角。由于这篇序言既清晰地追溯中国宗教的源头,

---

[1] Stephen F. Teiser, "Introduction: The Spirits of Chinese Religion," in *Religions of China in Practice*, ed. Donald S. Lopez, Jr.(Princeton University Press, 1996), 3-37.

又能批判性指出现有体系的不足之处，它至今仍然是西方中国宗教研究入门的必读文献。

二〇〇七年，太史文教授又受邀为许理和（Erik Zürcher）的经典作品《佛教征服中国》第三版撰写了长篇序言[1]。除了详细介绍该书的重要观点及许理和的学术经历以外，他特别讨论了该书对中西方中国佛教研究的重要影响。同时他也指出，该书出版以来学者们对魏晋时期社会阶层研究的进展使得该书对魏晋精英阶层的定义显得过于简单。此外，尽管许理和在书中非常注意选择措辞来描述佛教传入中国的过程，但其潜意识中依然将这一过程表述为两个根本上不同的实体间的"文化冲突"。但正如太史文教授所言，近二十年来人文社会科学研究的进展表明，将现代民族国家观念投射到古代社会无疑是危险的。因此，在中国佛教研究中常见的"汉化模式"与其说解释了什么是"中国性"（Chineseness），倒不如说是预设了什么是

---

[1] Stephen F. Teiser, "Social History and the Confrontation of Cultures: Foreword to the Third Edition of The Buddhist Conquest of China," in Erik Zürcher, *The Buddhist Conquest of China: The Spread and Adaptation of Buddhism in Early Medieval China*, third ed.（Leiden：Brill, 2007）, xv-xxxviii. 该文后由左娅译，以《许理和〈佛教征服中国〉三版序言：社会史与文化之间的对峙》为题，收入伊沛霞（Patricia B. Ebrey）和姚平主编《当代西方汉学研究集萃·宗教史卷》，上海古籍出版社二〇一二年，199—235页。

"中国的"。而这种往往基于当下的预设,恰恰使得我们难以看清"中国性"这一观念是如何在历史中被建构起来的。与这一模式相对的"印度化模式"也存在同样的问题。其实我们可以看到太史文教授对佛教研究中"汉化模式"的反思也体现在了本书对敦煌佛教仪礼的研究当中。

近年来,太史文教授的研究兴趣逐渐转向了敦煌斋文,特别关注这些仪礼文献是如何被生产以及使用的。其实早在他研究《十王经》时,就注意到有一些写本可能被用于斋会的仪礼表演当中。同时,他也专门讨论了《十王经》文本的语言及体裁问题。我们可以看到,这些问题意识更加成熟圆满地呈现了本书之中。

本书主要分为四部分。第一讲《佛教仪礼与人文学科》主要介绍了作者自己的学术经历以及其在研究佛教仪礼时所应用的主要理论工具。太史文教授在这一讲里集中讨论了如何将保罗·利科的"猜疑的诠释学"、福柯的"话语实践"、仪礼程序以及表演性理论引入对佛教仪礼的分析当中。这也体现了作者一贯的理论关怀。

第二讲《佛教世界中的做功德》则主要将用来"做功德"的斋文放在整个佛教的大背景下,探讨中国佛教当中的"做功德"仪礼的印度原型以及它们是如何被中国所接受和改造的。作者首先指出,早期中国的仪礼文本主要有三类：第一类是翻译自印度传来的戒律文献；第二类是中国僧侣将汉译文献的相关片段编集而成的仪礼轨范集，如宝唱（？—516）所编《众经供圣僧法》等；第三类则包含了中国僧侣以汉语所写成的仪礼文。例如善导（613—681）所编集《往生礼赞偈》，既包含汉译佛经中的片段，也有中国本土作品。而作者所关心的敦煌斋文，虽然属于本土僧侣编写的文本，却依然也能够体现不少印度原型的特点。作者认为，将行善产生的果报回向给他人是许多佛教仪礼的核心。而在佛教仪礼传播的过程中，无论是严格的翻译文本还是较自由的本土编纂，在这个核心之下，都存在着某些共有的叙述、标准以及隐喻。而最为关键的是，它们共享了一个最基本的程序：礼拜神佛、供养、忏悔，最后通过回向和发愿来和他人分享仪礼带来的善果。

第三讲《疗以善业：中古佛教患文》则聚焦于一类特殊的斋文——专门用于疗治众病的患文。作者在这一讲中挑选了两篇患文。在第一篇中，作者认为贯穿于各部分的观念就是"疗以善业"，即治疗是通过使用及分配仪礼过程中产生的果报来实现的。而第二篇，则在第一篇患文揭示的基本结构中插入了忏悔的内容。作者指出，敦煌患文集中体现了佛教中的因果报应、做功德及功德回向和布施观念。而且在患文的背后，存在着大量参与者，各类神佛、施主及患者本人、家庭成员、患者前生来世的怨家以及众生都在患文中占有一席之地。

与第二讲讨论的佛教仪礼的共性相对,第四讲《语言、文体和表演》则试图揭示敦煌斋文中的创造性发展。在这一讲中,作者仍以患文为对象,细致分析了其文式、文体和措辞,试图回答为何患文不同部分采用不同的文式及语言特色。作者指出,患文的有些部分采用骈文,有些部分则不采用骈文。作者认为,骈文作为一种正式的语言,主要被应用在了患文中描述的部分(佛陀的形象、患者的症状、仪礼的内容以及治愈的过程)。而非骈文的部分,则往往更具表演性,试图来完成特定的行为。在这里,作者还引入社会语言学中"语域"(language register)的概念,即在不同情境和领域中,语言的风格也会转换。作者认为表演性部分使用的不同语域吸引了观众的注意力,完成了各自的目的。作者接着分析了各部分的措辞,认为患文中的词汇可以是佛教术语和非佛教术语,而这两个类别下又可细分为若干子目。患文的各部分措辞选择体现了一个光谱,来自印度佛教或者汉译佛典的词汇构成了一极,本土的非佛教词汇构成了另一极,而中国本土佛教词汇所处的它们之间的区域,则为协商和创造性提供了广阔的空间。通过以上的细致分析,作者指出敦煌患文既体现了印度模式的影响,但同时也存在不少本土和非佛教的表达。这一特征也说明对敦煌斋文的研究可以进一步加深我们对中国本土编纂的各类佛教文献的理解。

通过以上对各讲的概观,相信读者已经可以大致了解本书的一些基本观点。我们认为本书最重要的贡献有两点:一是将表演性理论等西方社会科学理论引入了敦煌斋文的研究之中。这些应用并非机械似的套用,而是与细致的结构和词汇分析结合起来,读来并无佶屈聱牙的晦涩感。二是虽然应用的是敦煌材料,但作者却并不将视野局限于敦煌一地、中国一域。作者多次指出,佛教在古代社会作为一种"泛亚洲"宗教,共通的结构和观念广泛存在于不同的佛教文化当中。而正是这种共性与不同地域文化的融合创造才使得佛教能够在不同的地域社会中生根发芽。作者在这部书中所开创和提倡的不少研究方法,也已经影响到了学者对其他佛教文化的研究。如布莱恩·罗(Bryan D. Lowe)对日本愿文的研究,就借鉴了不少作者的方法[1]。

自二〇〇七年发表第一篇有关敦煌斋文的论文以来,

---

[1] Bryan D. Lowe, *Ritualized Writing: Buddhist Practice and Scriptural Cultures in Ancient Japan*(Honolulu:University of Hawai i Press, 2017), 57-79.

作者已在该领域发表了近十篇论文[1]。二〇一四年"复旦大学光华人文杰出学者讲座"之后,作者又结合讲座时听众的回应和问题,对书稿做了不少修订。可以说读者眼前呈现的这部书稿虽然简要,但却是作者对其十余年来敦煌斋文研究的重要阶段性总结。根据作者的规划,他未来还会出版两部英文专著,分别重点讨论敦煌愿文及敦煌发现的各类仪礼写本。

由于历史原因,海外敦煌学的重镇一直集中在欧洲和日本。近年来太史文教授则积极致力于推进敦煌学在北美的研究及普及。除了举办敦煌学相关学术会议,邀请相关中国学者赴美访问、讲学以外,作者还翻译了郝春文教授的《石室写经》一书[2]。相较于高奕睿(Imre Galambos)于二〇一三年翻译出版的荣新江教授的《敦煌学十八讲》[3],该书面向的目标读者不仅是专门学者,还包括各类希望了解敦煌及丝绸之路的社会大众,为敦煌学在北美的传播做出了重要贡献。

---

1 作者在这一领域已发表的论文可参阅本书参考文献中相关部分。
2 Chunwen Hao, *Dunhuang Manuscripts: An Introduction to Texts from the Silk Road*, trans. Stephen F. Teiser, Diamond Bar, CA: Portico Publishing Company, 2020.
3 Xinjiang Rong, *Eighteen Lectures on Dunhuang*, trans. Imre Galambos, Leiden: Brill, 2013.

在本书翻译出版的过程中，我们还得到了很多人的帮助。光华教育基金会为系列讲座和本书的出版提供了慷慨的支持。三联书店资深编辑吴彬老师、复旦大学历史学系博士生李煜东同学校读了全部译文并提出了不少意见，在此我们一并表示感谢。

第一讲 | 佛教仪礼与人文学科

一 导 论

今天的讲座我希望能够广泛思考中国佛教研究中的一般方法论问题。首先,我想解释一下我对历史研究以及历史主义作为一种普遍学术研究方法的理解。在第二部分,我想谈谈我的个人经历,讲讲我的思想史,并力图从我个人的经历中抽绎出更广泛的、更具普适性的经验。至于剩下的部分,我则希望解释一些非常有助于我们理解佛教仪礼的理论工具和方法。在本系列讲座的第二、三、四讲中,我会实践这些工具、方法。

二 历史和历史主义

在美国,我任教于宗教系。我的一位同事是位哲学家,我非常尊重他的看法。尽管他自己就教授宗教研究的方法论和理论课程,但他却有些轻视地将方法论看作"清嗓子"。我觉得他的这个说法很幽默也很有启发性,所以我希望以思考"清嗓子"这个理论能给中国佛教研究带来什么贡献来作为开场白。

我的这位同事说,绝大多数专著、博士论文和演讲,都会有一段关于方法论的开头,就像人清嗓子一样。许多博士论文的第一章,就是对探讨同一问题的其他学者的冗长批评。在对研究同一问题的重要学者的讨论当中，大部分"第一章"都指出以前研究中的种种错误：他们对过去有成见，他们的先入之见使他们难以看清其研究对象，或者他们未能虑及一些重要的证据。前辈学者的工作只被当作是引起嗓子不适的刺激，需要在真正有价值的研究（即眼下的博士论文或专著）开始之前就被咳出或清理掉。

对任何专著或演讲而言，回顾并批评该论题下先前的研究都是重要的组成部分。学者们在开始自己的研究之前，总是需要研读先前的研究并从中获益。了解其他人的偏见和短处当然也很重要。但"清嗓子"的比喻也表明，这类过度的批评会引起读者的不适：你们可以想象有人在你面前长时间清嗓子的感觉！这的确会让他呼吸更通畅，但是需要咳这么久吗？为什么要咳这么响？为什么要在公共场合这么做呢？

"清嗓子"的比喻表明对方法论的讨论尽管非常必要，但有时也可能是错误或过度的。年轻学者们常常觉得他们需要"谋杀"掉他们在学术上的竞争对手。这样一来，他们经常写得好像自己毫无错误而他们的同侪则是讹误满纸。他们常常指责竞争对手的假设是无效的、未经检验的，而他们自己则绝无先入之见。他们经常写得好像自己创造了全新的学术传统或方法。总之，他们总是写得好像其他学者都是爱犯错的、有局限性的，而他们自己却独立于历史之外。

我本人也希望能避免犯"清嗓子"式的错误，所以我的立场可以简单地表述为：作为历史学家，我们不仅研究历史，同时我们的研究活动本身也是历史的一部分。

这个主张看起来很简单：历史不仅是我们研究的对象，我们的研究本身，包括我们在大学和研究生院所接受的训练，我们所回应的思想上的影响，我们产出的著作和研究成果，也都是历史的一部分。这一哲学主张会导致一个重要的结果：为了充分理解我们的研究，我们需要将自身置于合适的历史语境当中。也就是说，我们应该将我们用在研究对象上的研究方法也应用于自身和其他学者。其实这个看法并不新颖，我们可以看到不少哲学家和历史学家也有类似的主张。最近在美国，也是我接受学术训练的地方，这一方法被称为"历史主义"或"历史相对论"（Historicism），也被称作"新历史主义"（The New Historicism）[1]。

我在教学时，常常教给我的学生基于历史主义观念的

---

[1] 我对"历史主义"的理解接近其于近来在文学理论中的应用，参看Gallagher & Greenblatt（2000）。这个概念在不同领域有着漫长、复杂的历史。这些领域包括科学史［科学理性的历史主义理论，如库恩（Thomas Kuhn）］、黑格尔、马克思及他们的反对者卡尔·波普尔（Karl Popper）的历史理论和历史决定论，以及诠释学［弗里德里希·施莱尔马赫（Friedrich Schleiermacher）、威廉·狄尔泰（Wilhelm Dilthey）和保罗·利科（Paul Ricoeur）］。

三个重要要求。第一，为了将一个学者置于其历史语境中，我们既要对这位学者提出负面批评，也要对这位学者如何创造性地使用了他所使用的资源给予正面认可。这个要求提醒学生，任何值得批评的学者也需要得到我们的尊重。不然，为什么我们要用一页或者一段的篇幅来讨论一位学者呢？如果你认为批评一位学者的研究方法很重要，那么你必须解释为什么你认为他的作品足够重要到让你的老师或读者愿意花时间来了解他。

历史主义所包含的第二个含义是，即使是全新的、有创造性的观点也有其历史渊源。作为历史学家，即使在我们反对一种学术传统时，我们仍受到这一传统的影响。实际上，一种练习自我批判的方法就是坦承自己的成见和盲点，或者将我们自己的作品嵌回我们仍置身其中的学术史当中。

我试图教给学生的第三个历史主义的要求是，工具要适应用途。每个人都知道要用锤子钉钉子，用锯锯木头；锤子无法整齐地切割木材，锯也没法把东西钉合在一起。对我们思想上的工具及分析问题的理论而言，这道理也同样适用。一个概念——包括历史主义——不能解决所有问题。比如文学理论对经济史研究毫无帮助，社会阶级和阶级斗争理论无法指导我们校雠古代文献。因此我们需要使

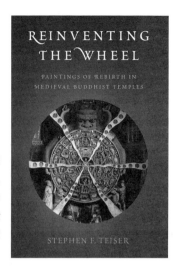

图1 《再造生死轮：中古佛教寺院中的转世绘画》(Stephen F. Teiser, *Reinventing the Wheel: Paintings of Rebirth in Medieval Buddhist Temples*, Seattle: University of Washington Press, 2006) 封面

我们的理论工具与想要解决的问题相匹配。

三 尊重并超越边界

我想再谈谈我二〇〇六年出版的一本书的历史，主要谈我在写作过程中试图解决的思想上的、方法论上的和哲学上的问题。这本书由华盛顿大学出版社出版，英文书名为 *Reinventing the Wheel: Paintings of Rebirth in Medieval Buddhist Temples*（《再造生死轮：中古佛教寺院中的转世绘画》, 图1）。

图2 太史文著、侯旭东译《中国中世纪的鬼节》封面,上海人民出版社二〇一六年。该书译自Stephen F. Teiser, *The Ghost Festival in Medieval China* (Princeton, NJ: Princeton University Press, 1988)

这是我的第三本书,但我在写我的头两本书时就决定要讨论这个问题。我的第一本书出版于一九八八年,书名作 *The Ghost Festival in Medieval China*。当时作为青年学者,我很荣幸中国的一位杰出学者侯旭东对我的书很感兴趣,并主动翻译了它。一九九九年,这本书以《幽灵的节日:中国中世纪的信仰与生活》为书名由浙江人民出版社出版。二〇一六年,该书又以《中国中世纪的鬼节》为书名再版(图2)。我在书中讨论了佛弟子目连的神话故事。在中国的神话中,目连以游行地狱救母而闻名。这本书也从佛教藏经、疑伪经、诗歌、写本和唐代正史当中汲取了大量材料，分析了鬼节仪礼的历史。这本书的主要问题意识深受宗教史以及人类学中对民间宗教研究的影响。我的第二本书一九九四年以英文出版，书名作 *The Scripture on the Ten Kings and the Making of Purgatory in Medieval Chinese Buddhism*（《〈十王经〉与中国中世纪佛教冥界的形成》）。这本书主要基于对敦煌写本的研究。我与杜斗成等研究敦煌文献的学者紧密合作。杜教授也写了一本书讨论这个问题。在这本书中，我对藏外佛教文献《佛说十王经》及该经在其所描述的仪礼当中被用作仪礼文献的方式非常感兴趣（图3）。前几年我一直在和张煜教授合作翻译这本书，这个中译本已于二〇一六年由上海古籍出版社出版。

你们可以想象当我第一次见到生死轮回图时的兴奋。这个问题结合了我之前写书讨论过的两个对象：佛弟子目连和大众化的佛教来世观。我是在阅读成书于十一世纪早期、道诚编写的中国佛教典章制度史——《释氏要览》时，第一次接触到了这个问题。道诚居住在杭州。他在书中描述了佛教修行并讨论了为当时修行提供轨则与戒法的经典。在一条关于生死轮回图，题为《五趣生死轮》的记录中，他引用了古代印度佛教部派的戒律《根本说一切有部毗奈耶》。道诚写道：

图3 《十王经》第二王部分的插图及赞,采自敦煌文献伯2003

五趣生死轮 《根本毗奈耶律》第三十四卷云:佛在王舍城羯兰铎迦池竹园中。时大目乾连于时中往五道,慈愍观察,至捺洛迦,见诸有情受种种苦,于四众中,普皆宣告。告阿难陀言:非一切时处,尝有目连。今敕诸苾刍,于寺门壁,画生死轮,应随大小,圆作轮形,中安毂,次安五辐,表五趣,当毂下画地狱,二边画傍生饿鬼,次上画人天。于人趣中,唯画四洲。于其毂上,涂白色。中画佛,佛前画三类物:初画鸽,表多贪。次画蛇,表多嗔。后画猪,表愚痴。于网处应作溉灌像,多安水罐,中画有情生死之像。生者于罐出头,死者出足。于其五趣,各像其形,应画十二支生灭之相:无明支作罗刹像,行支作陶家轮像,识支作猕猴像,名色支作人乘船像,六处支作六根像,触支作男女相抚像,受支作男女受苦乐像,爱支作女人抱男女像,取支作丈夫汲井像,有支作大梵王像,生支作女人诞孕像,老作男女衰老像,病作病像,死支作死像,忧作男女忧戚像,悲作啼哭像,苦作男女受苦像,恼作丈夫挽难调骆驼像。其轮顶应画无常大鬼,蓬发张口,长舒两手,挽其网于鬼头。两畔书二伽他,一曰:汝当求出离,于佛教勤修,降伏生死军,如象摧草舍。二曰:于此法律中,常为不放逸,能竭烦恼海,当尽苦边际。次于鬼头上,画一白圆坛相,表涅槃圆净之像,号为五趣生死轮[1]。

这段材料将我之前写书讨论过的两个对象——目连和对来世的表现,结合了起来。

---

[1] 道诚《释氏要览》卷下,《大正藏》第54卷,第2127号,303—304页。

道诚所引用的律藏文献详细解释了目连如何频繁游行冥间,造访五道(即天道、人道、畜生道、饿鬼道、地狱道)。文献还描述了目连故事的流行程度,许多俗人听到目连颇具娱乐性但不时恐怖的故事后,最终皈依佛教。文献接着说佛陀要求他的追随者们制作目连在冥间游行的视觉复制品。他命令他的弟子们在寺院壁外绘制五趣生死轮。他仔细告诉他们如何绘制生死轮及使用什么样的象征:各种动物被用来代表三毒;用五辐来分隔五道;再在轮的边缘绘制十二种象征物来代表十二因缘;涅槃的象征和表现出家的偈则被置于轮外。律藏文献中的叙述以佛陀指导其弟子安排知解者立于轮边,并将其内容讲解给来往寺院诸人而结束。

乍看起来这则材料好像描述了一个如我之前讨论过的问题那样激动人心的新话题。它似乎包括了许多我先前关注过的问题:佛教的来世观;佛教思想的世俗化;中古中国僧俗之间的互动。

但当我开始研究这个对象时,却碰到了许多问题。我查阅的第一部现代研究著作是由现代学者所编纂的包罗万象的佛教百科全书,即由望月信亨于一九五四年出版的《望月佛教大辞典》。其中关于生死轮的词条非常清晰地表明为什么望月信亨的大辞典仍然是现代学者在研究中国佛教时能查的最好的辞典。它的参考文献不仅包括了《释氏要览》所引的律藏文献,还提供了对来自古代印度、中亚、日本、中国唐朝和吐蕃生死轮材料的历史性概观。它还引用了一部成书于六世纪的灵验记中的文字资料及艺术和考古材料,我对它的广泛性印象颇深。然而,尽管这一词条的彻底性非常有帮助,它同时也对我提出了一个问题。我是一个受中国文献研究训练的历史学家,但这个词条表明轮回图事实上很少出现在中国内地。所以如果我想继续我的研究,就必须要考虑一个负面的问题:与印度、日本和中国西藏相比,为什么中国内地的轮回图这么少?我的研究还对前现代亚洲的知识传播以及不同佛教文化间思想和艺术家的交流提出了一些问题。

因此,我最初的研究表明,如果我想继续这个课题,就必须越过传统中国的边界向外眺望。对我来说这不是个好消息,因为我只受过研究中国文献的训练,只能熟练使用汉语和日语。但许多用梵文和藏文写成的原始文献以及用德文写成的现代学术著作对我的研究至关重要,这让我非常不安。

此外,为了理解建筑学和艺术史的材料,我不得不学习如何在我从未接受过训练的学科中进行研究。幸运的是,我的那些研究艺术史、考古学和建筑学的同事们耐心地

图4 阿旃陀（Ajaṇṭā）石窟第16窟（右）和第17窟（左）

教给我这些学科的基本方法。我必须承认，这一被我称作"回炉"的学习如何使用一系列新学术工具的过程，持续了接近十年之久。

现存最早的轮回图保存在印度西部阿旃陀的石窟寺中（图4）。我曾有幸被邀请与一位美国研究阿旃陀石窟历史的专家，密歇根大学的沃尔特·斯宾克（Walter Spink）教授，共同在那里开展研究。一九九八年，我花了一个月时间与斯宾克教授合作研究阿旃陀石窟。他向我展示了这些凿石而成的庙宇中包含了什么。他强调了发掘中的技术和工程问题、石窟的建筑结构、艺术家和供养人如何设计绘画和塑像，以及这些建造于五世纪的石窟的丰富历史。除了这些方法论问题，斯宾克教授还鼓励我们围绕历史记载丰富的特定遗址，甚至单个的石窟寺进行研究。他督促我们利用所有现存材料来研究我们的对象：残存的壁画和塑像、关于已经不存的壁画和塑像的资料、建筑设计、建筑的细节（例如门的设计及这些设计如何随着历史变迁）、古代供养人题记、传世史料中的记载，以及对遗址进行现代考古发掘的历史。所以除了了解最早的现存轮回图，我也明白了考古学家研究石窟寺的方法。

第二年，也就是一九九九年，我被邀请加入一个由六位中国学者和六位美国学者组成的小组，在甘肃和四川开展研究（图5）。我也得以在中国西部的乡下继续我的学习。这也是我首次非常幸运地结识了丁明夷、郝春文、马世长、彭金章、荣新江和孙修身。直至今天我们还保持着密切的联系。我们联合了社会史、艺术史、考古学和宗教研究的同道，十二位学者在甘肃（包括莫高窟、榆林窟、东千佛洞、西千佛洞）和四川（包括广汉、资中、巴中、安岳和大足）的部分遗址开展了田野考察。从一九九九年到二〇〇一年，我们一起合作了三年，其中第一年用于考察，第二年用于撰写论文，第三年组织了一次会议并修改、发表我们的论文[1]。这段经历让我受益良多。无论我们何时

---

[1] 胡素馨（Sarah E. Fraser）主编：《佛教物质文化：寺院财富与世俗供养国际学术研讨会论文集》，上海书画出版社二〇〇三年。

图5 胡素馨率领的由露西基金会（Luce Foundation）资助的考察队（一九九九年于四川）

参观一座佛寺遗址，艺术史家总是忙于解读绘画和雕塑，争论它们的内容、形式、图像学和断代，证明艺术家如何将自己的创造基于其他艺术家的作品之上——他们的作品追随着其他艺术家，而非文献。研究小组中的艺术史家也向我们证明图像有自己的逻辑——视觉逻辑，因此艺术需要特有的分析方法。而考古学家会研究实物遗存和整个遗址的布局。社会史家则关注碑铭、供养人题记和榜题，试图理解庙宇建设或翻修时的制度史和历史情境。宗教或佛教研究者则会关注广泛的仪礼程序，帮我们解释文本中的佛教哲学和外来术语。了解这些不同领域的学者如何研究

图6 参加西藏遗址考察课程的师生(二〇〇七年于西藏培央寺)

他们的对象非常重要,但更有价值的是看到不同领域的研究如何合作,使我们得到一幅更加完整的图景,而不是仅仅将个人的视点简单叠加起来。

从二〇〇四年开始,我为博士生组织了一个跨学科的教学项目(图6)。其基本理念是将受某一学科训练的学生聚合起来,通过与来自两个不同领域——艺术史和藏学的教师共同进行高强度田野调查,让他们学习一门第二学科。出身艺术史的教师关注视觉分析和图像学,而藏学出身的老师则专注于文本和铭文的研究。起初，当我们要求学生跨出他们自己的学科时，他们都很抵触。藏学的学生会说："我没法讨论艺术，因为我没受过艺术史的训练。"他们的反应部分是正确的，对博士生来说，深入研究一门学科，包括其方法、主要工具、概念及历史的确很重要。但另一方面，这些学生只是害怕学习一种新的路径。所以我们设计了一个方法来迫使他们学习一个新的领域：我们给艺术史的学生布置文本性的作业；让受文本研究训练的学生来分析图像。从这段经历中，我认为虽然学习一门新的学科需要付出时间和精力，但有时一个人需要被强迫着去用新眼光看世界。

四　理论和路径

在我今天讲座的第一部分中，我试图解释为什么我认为无法用一种理论或路径来指导我们对所有领域的研究并解决所有问题。相反，我认为学者试图解释的特定语境或一组材料需要特定的工具。今天方法论这一讲的最后部分，我希望能够谈谈四种关于对佛教仪礼研究的理论或方法。其中有些理论来源于现代西方或欧洲学者，但我坚持认为应该修正这些工具，调整它们使其与我们手头的材料相适。与其认为它们是普适的，不如在考虑到学术研究中的特定学科和佛教历史中的特定时空后，解释它们是如何必须被修正的。我试图在普适和特殊、整体和局部中找到平衡。

第一个理论叫作"猜疑的诠释学"，欧洲哲学家保罗·利科（Paul Ricoeur）最为清晰地阐明了这一理论。他早年曾任教于法国和比利时，而后在芝加哥大学度过了他的后半段执教生涯。利科用这个术语描述了十九世纪欧洲思想界的三位伟大人物：马克思、尼采和弗洛伊德。当然，这个概念绝不是欧洲人的专利。我们可以很容易在亚洲的思想家中，比如庄子、龙树的作品中发现类似的态度和定义。但我将会解释利科所用的这个术语的意思，并将其调整，使其可以被应用在中国佛教的研究中。

在《弗洛伊德与哲学：论解释》（*Freud and Philosophy: An Essay on Interpretation*）中，利科认为马克思、尼采和弗洛伊德在实践"猜疑的诠释学"这一点上非常类似。一位研究者这样说，"根据'猜疑的诠释学'，宗教的真正含义或正确理解，只来自剥去它的面具，并使潜在的真实显现出来后的结果"[1]。这种取径下，文本试图隐藏它们的真正目的；它们遮蔽了文本产生的现实情境，掩盖了作者

---

1 Stewart（1989, 298页），该文总结了 Ricoeur（1970, 32—36页）中的讨论。

生活的实际状况。例如,对马克思而言,宗教信仰转移了人们对来自资本家实际压迫的注意。就像哈哈镜或烟幕一样,宗教产生了虚幻的图景。宗教使人们相信今世的痛苦和贫穷会换来未来的幸福永生。继续这样的分析,我们可以说佛教文献充满了对苦谛的说教,并声称只有那些了却一切欲望的人才能达到真正的解脱或智慧。然而详细阐述这一学说的,正是那些从鼓动俗人或农民捐献他们的金钱和物品中获利最多的人:僧侣,也就是这些文本的作者。以马克思的观点来看,妥善地解读一个宗教文本,就是揭示它如何将经济上的真正苦难以及工农和他们的劳动产品的剥离掩盖起来。一个恰当的解释可以将社会机制,也就是政治结构和经济剥削,从宗教的遮蔽中澄清出来。

利科所倡导的解释方法如何应用于佛教文献、艺术及仪礼呢?解释这一方法如何应用于文本相对容易一些。尽管我不像马克思一样敌视宗教,但也很容易理解,大部分文献并不清晰地在文本中表达它们所试图达成的目的,或者说大部分文献都试图隐藏一些东西。即使是最简单的文本也看起来试图使读者相信它的真实性。如果你们阅读一本小说,小说将其叙述建立在你相信小说家所虚构出的世界的想象之上,这想象至少足够使你继续读下去。

那么"猜疑的诠释学"如何被应用于艺术的世界呢?

为了将"猜疑的诠释学"应用于宗教庙宇的研究中,我们假设艺术的表面含义试图掩盖这一庙宇建立背后的政治利益。表面上,宗教绘画宣称圣神法力强大,庙宇的建造者虔诚纯洁。但以利科的观点来看,如果解读正确,那么我们可以发现如何只通过艺术手法就使这些圣神的图画能操纵观看者,使其相信圣神的至高无上和神圣性。我们还应留意,施主对他们纯洁意愿的宣扬,也只是他们获取名声或胜过同辈的掩饰。这样看来,利科的惯用语"猜疑的诠释学"可以被重塑为两个取向。首先,如果我们愿意将图像如文本一样对待的话,它就既可以被应用于视觉材料,也可以被应用于文本。其次,与最早被十九世纪的宗教批评者们(马克思、尼采和弗洛伊德)所批评的宗教相比,它还可以被应用于另一种形式的宗教。这一理论似乎可以被社会史家、佛教研究者和艺术史家所接受并应用于他们特定的材料。

"猜疑的诠释学"如何应用于仪礼文献呢?许多社会理论家让我们注意到"仪礼化"的过程[1]。人类学家莫里斯·布洛赫(Maurice Bloch)在其早期作品中对仪礼化语

---

[1] 可参读Bourdieu(1977,159—197页)、Bloch(1974)、Bell(1992,118—142页,197—223页)。

言（比如公开政治演讲和大型宗教仪礼）被想象为永恒的方式很感兴趣。政治家演讲和宗教僧侣默诵发愿时常常声称他们并未发明他们所说的话。相反，他们相信他们的话是传统的而不是创新的。如果你观察过一些宗教仪礼，无论怎样你都会注意到在脚本（就是应该说的话）和表演中实际说的话之间有巨大的鸿沟。所以，就"猜疑的诠释学"而言，仪礼化的语言中掩盖了什么？答案是：仪礼执事者的创造性力量。此外，以马克思主义的观点看，宗教仪礼试图将人们的注意力从社会权力关系中转移开来。我举一个后面几讲会讨论的医疗仪礼的例子。在较广的仪礼程序中，信众布施僧伽，换来疾病的痊愈。从马克思主义的观点来看，仪礼的表演遮蔽了真相。根据唯物主义的看法，宗教信徒被诱导着相信他们拥有力量。但实际上，在此之下信徒只是交出了他的力量和金钱。他的金钱资助了僧伽，同时他还被诱导着虔诚地相信僧侣的行为和圣神的干预真的能使病人痊愈或避免死亡。

我想介绍的第二个理论有一个非常复杂的名字，但一旦解释正确也不难理解。这个理论就是福柯（Michel Foucault）多年来在作品中不断定义并修正的"话语实践"

（discursive practice）[1]。我觉得中文的直译对于理解这个概念帮助不大。或许翻作"教法"（英文的teaching method或法文的mode d'enseignement）更好。话语实践（或者"话语"）有两个意义。一方面，话语是叙述或表现事物的方式。在我关于图画的书中，我将话语的概念拓展到视觉领域：视觉话语也是描绘事物的一种手段。当话语关乎轮回，我们想问：关于轮回的话语的概念和具象特质是怎样的？比如，通过利用"轮"，而非其他比喻（河流、牢狱、深渊、泡影）来理解转生，什么样的想法能成为可能？哪些看法被排除？对于生死轮，图像能够传达什么文字所不能表达的东西？或者文字能够传达什么图像所不能表达的东西？很重要的一点是，对话语内容的解读是开放性的。轮的象征意义对不同的艺术家和观众而言有不同的解释。正如我的书的标题所揭示的，在这个意义上生死轮在其每次被表现时都是被"再造"的，因为每次的表现都包含了艺术家将什么放入画中、什么排除出画中的选择。作为第一个意义当中的"话语"或表现，生死轮为解读设定了限制，但同时其意义也屈从于持续的协商。

话语实践的第二个意义更多与权力而非知识相关。作

---

[1] Foucault（1972）；Hall（1997，尤其是41—54页）。

为一种话语实践,生死轮由一批人绘制,另一批人观看。生死轮的督造者和施主有时拥有和观众不同的利益。正如通过利用关乎权力和利益的语言所揭示的,我认为艺术表现也被纳入了社会制度。话语权力的理论吸引了我们对主导轮回图绘制的人和这一过程合法化的注意。话语的这方面含义强调了生死轮中包含的社会机制,包括其创作、存续及观众所能看到的视图。在这一方面,我们想问:是谁被委任来教授生死轮(的理论)?谁绘制了它?这些画师是如何训练出来的?谁被认为是生死轮的发明者,关于它的知识仅限于全知全能的佛陀,还是佛陀的弟子以及任何拜访寺院的人都能自由获得?表现生死轮的传统如何从一代人传给下一代?谁主导解读生死轮的过程,是佛祖还是僧侣?或是任意的观众?哪里发现了生死轮?它流通于怎样的社会空间,是家兰若,是寺庙或伽蓝,还是家中?

讲座中我将利用的第三个理论是仪礼程序。仪礼是一个复杂的整体,中国哲学中拥有大量可以阐释仪礼哲学的资源,它们非常有助于当前西方关于表演和表演性的理论。但这不是我现在的重点。与之相反,我想以对仪礼的简单理解,作为对一座寺院中安排神圣图像的组织原则。当参观者造访佛教寺院时,寺院设计者希望他们能够遵循特定的顺序来参观。寺院的结构使得他们进入特定的场所,在其他图像之前遇见某些图像，完成特定的行为，在他们的巡礼过程中达到高潮，并以一种特定的方式完成他们的巡礼。我的看法是寺院中的建筑特征、壁画、塑像的统筹安排都不是偶然的。相反，对空间的安排遵循一定的模式，这个整体的模式就是我所说的仪礼程序。

实际的寺院参观者是否遵守这一模式，以及他们的体验如何偏离潜在的程序，这些当然是另外的问题。在现实生活中，表演总是有别于之前所期待的模式。但是复杂空间的模式或计划仍然存在。所以在我的讲座中，我仍会利用仪礼程序的理论来讨论仪礼潜在的参与者，这有点像文学理论家们所说的文本的"潜在读者"。

我想讨论的第四个理论是表演（或表演性）[1]。这一理论并不像其他的理论家说得那么复杂。其基本理念是我们不能将一种仪礼简单理解成一个文本或一幅图像，而应当作是一种表演。表演有其自身的逻辑；它们遵循特定的顺序：首先你要清理仪礼空间，然后安置图像和供养，再邀神灵降临，然后表演仪礼的核心，最后再将圣神送回居处。这一逻辑有可能存在变量：在基本程序中可以嵌入几个步

---

[1] 特别请参看Tambiah（1979）。相关讨论还包括Austin（1962）；Butler（1997）；Bell（1998）。

骤，有些步骤可以重复，有些步骤可以颠倒。但整体上，这套程序或逻辑是被尊重的。表演性的另一个特点就是话语的表演性价值要比其语意力量强很多。仪礼中所说的话一般确实拥有含义，但从表演性角度，关键是实践或说出这些话，而不是理解它们。通常观众（有时甚至是执事者）并不理解这些话的意思，或观众已经在其他场合听过这些话。所以对仪礼，最重要的是这些话被公开大声宣读——也就是说，它们需要被表演。

对这四种理论的真正考验是它们是否帮我们理解了我们感兴趣的材料：佛教仪礼。

第二讲 | 佛教世界中的做功德

一 导 论

第三、四两讲将专门讨论在中国编集的用来疗病的患文。敦煌文献中保留了一些这样的患文，它们被置于斋文这个更广泛的体裁下。尽管斋文受惠于其印度佛教中的先驱，但我们所讨论的用来做功德的斋文由不会说、不会读外语的中国僧人以汉语写成。从这个角度来看，敦煌斋文很像其他受西域模式影响下的中国佛教产物，包括听起来像是从梵文翻译而来的伪经、由本地制作并声称复制了著名印度形象的雕塑、为了更好表达印度观念的新的哲学术语以及看似基于佛经中先例的新式修行等。本讲将越过中国的边境，将中古中国的佛教斋文置于更广阔的佛教仪式语境中。

那我们如何着手分析中国佛教斋文的混合性呢？佛教研究中的汉化模式（以及其孪生概念——印度化）几十年来饱受批评。汉化观点认为在印度佛教引进或传播到中国的过程中，花费了几个世纪才将印度宗教转化为与中国宗教生活模式更为协调的宗教。这个范式的一个难题就是，它首先假设在中国文化和印度文化通过交流发生改变之前，我们能够很容易地区分或描绘出它们。但相反的是，大部分学者目前赞同印度佛教和中国宗教间所谓的对话，基本上都以汉语进行。也就是说，在外国高僧主持的少数译场之外，对真正的印度文献的反思是基于中国本土的理解的。正如丹尼尔·布歇（Daniel Boucher）的研究所表明的，即便在参与文献翻译的多语言译场中，说汉语者的斡旋地位也非常重要。他总结道："佛教的汉化并未像经常被声称的那样，始于四世纪佛教进入上层社会之时，而是始于其踏入中国的那一刻。其传入中国不仅肇始于外国僧侣，也更根本地肇始于译场中最初的皈依者。"[1]如果在译场中发生了对话，一定是以汉语白话完成的，如果讨论内容关涉印度，那只有极少数人能直接理解。对印度的认识通常是间接的，即通过汉语的中介获得。在整个中古时期，大部分中国佛教徒通过汉语文献来了解印度，无论这些文献是试图表示梵文词语的发音，或描绘佛教圣地的文言文献，还是由中国工匠制作的佛陀雕塑或画像。

---

[1] Boucher（1996，257页）。对汉化观念的批评，参见Gimello（1978）、Sharf（2002，1—30页）、Teiser（2007）。过去二十五年的许多研究都强调汉语媒介在诸多领域中的地位，如：僧传，Kieschnick（1997）、Young（2015）；陀罗尼和咒语书写，Copp（2014）；图像，Kim Minku（2011）；哲学，Gregory（1991）、Sharf（2002，1—27页）、Swanson（1989）；烧身和自残，Benn（2007）、Yu（2012）；观想，Greene（2012）、Mai（2009）、Yamabe（1999）；岁时节日，Teiser（1988）、Wang-Toutain（1996）；传说，Kieschnick and Shahar（2014）。

这种对中国佛教中的印度想象的地位的理解，对中古中国佛教斋文的研究有什么意义呢？尽管这种中国佛教研究的新模式强调，相较于直接与印度源头的接触，对印度的中式表现处于主导地位，但它并不能够将我们从分析外来的踪迹和跨文化交流的过程当中解脱出来。在以后各讲中，我将注目于中国的宗教世界，分析斋文的内容、语言和逻辑。这一讲则从中国向西看，讨论斋文中对印度修行的反映。我想问的是：佛教徒如何看待将仪礼从一种文化传向另一种？中国的佛教徒如何编纂斋文？来自印度的哪些模式被中国承认？哪些隐喻在仪礼的跨语言翻译中保留下来——如果它们保留下来，在新的背景中又如何被理解？佛教在中国的发展当中，仪礼表演中的哪些程序保持了完整不变？

二　仪礼翻译

像其他地方的佛教徒一样，中国佛教徒认为应该如实传达佛陀的教导。整体上看，可以认为语言间的翻译是佛教史中最基本的问题。最古老的一些佛教文献提出了如何在跨语言中确保观念和修行的真实性的问题。下面将要讨论的古老传统声称，佛陀自己要求其早期弟子们将佛法翻译成当地语言。而两千多年以后，在十九世纪于佛教研究中诞生的比较语言学,似乎非常适合分析佛教对翻译的关注。一个学术学科和学科的研究对象间有了罕见的共识,佛学家和佛教徒都会同意翻译处在中心位置。

我们可以从审视佛教传统中的重要文献如何处理翻译问题入手。现存六部戒律中的五部都保存了这样的故事:两个追随佛陀的婆罗门兄弟,使用正式、优美的吠陀语念诵释迦牟尼的教诲。当他们听到其他可能出身下层、缺乏精英语言训练的僧侣,用粗鄙的语言念诵佛法时,感到非常失望。两兄弟向佛陀抱怨此事。这就是佛陀制定一条戒律的背景故事。佛陀要求此后僧侣应用当地的语言来念诵佛法。

考虑到在这一幕上所耗费的笔墨,这个事件在佛教的神圣历史和现代佛教研究中都非常重要。现代学者对于如何理解这个故事的原始意义只有微小的争议。巴利文的上座部戒律说"用他们自己的表达方式",《弥沙塞部和醯五分律》中说"随国音读诵",《四分律》中说"国俗言音",《毗尼母经》中说"随诸众生应与何音而得受悟",《根本说一切有部毗奈耶杂事》中说"若方国言音须引声者"[1]。这些

---

[1] 关于这些规定,参看 1) 上座部戒律(巴利文), *Vinaya* 2: 139 页: sakāya niruttiyā, Lamotte 翻译为 "chacun dans son mode d'expression propre." 2) 佛陀什、竺道生译《弥沙塞部和醯五分律》(*Mahīśāsaka-vinaya*) 卷二六,《大正藏》第22卷, 第1421号, 174页中(国音 = *pradeśasvara*); 3)(转下页)

部派在公元后最初几个世纪传下他们的戒律,仍然坚持对翻译的需求。为了保证对解脱真谛的有效准确传布,他们都支持将佛言翻译为白话口语。

最近佛教研究的成果将我们对翻译和传播的理解复杂化了,但其主要服务于确认上述模式的中心性地位。许理和[1]和其他学者揭示了在早期和中期的汉译中,本土白话如何与文言相交织。辛嶋静志[2]提示我们印度本地俗语在传法中扮演的角色。高田时雄让我们注意到敦煌和其他翻译中心的多语言现象的意义[3]。研究由说不同语言的人组成的译场的学者[4]则探讨了从使用源头语言的记诵文本到润色过的

(接上页)佛陀耶舍、竺佛念译《四分律》(*Dharmaguptaka-vinaya*)卷五二,《大正藏》第22卷,第1428号,955页上(*pradeśānāṃ prākṛtbhāṣā*);4)《毗尼母经》卷四,《大正藏》第24卷,第1463号,822页上;5)弗若多罗、鸠摩罗什译《十诵律》卷三八,《大正藏》第23卷,第1435号,274页上;6)义净译《根本说一切有部毗奈耶杂事》(*Mūlasarvāstivāda vinayakṣudraka vastu*)卷六,《大正藏》第24卷,第1451号,232页中(方国言音 = *pradeśasvara*)。参见Lamotte(1958,610—614页);Mair(1994,722—724页)。

1 Zürcher(1977;1991;1996);许理和(1987)。
2 辛嶋静志(1994)。
3 Takata(2003)。
4 Boucher(1996);曹仕邦(1990);Fuchs(1930);Sen(2002);Zacchetti(1996)。

目标语言的文言译本之间的步骤。禅宗批判研究[1]和其他领域的学者也探讨了该传播模式中的哲学问题，并批评了认为本初意义会在跨文化翻译中保留的假设——这是佛教坚称以"我"（ātman）形式存在的个人根本认同并不存在或不能延续至来生的学术版。不断进展中的翻译研究强调，即便是在最为机械的翻译中，也会包含目标语言的丰富选项和创造性。总之，如今学者在讨论佛教中的翻译时，习惯使用诸如接受、再解释、创造、协商之类的词。虽然佛教研究中的翻译观念已经在扩展和复杂化，但仍然很重要的是追问这样的讨论中还缺少了什么。在这种对基本问题是什么和如何解决它的普遍热情中，还缺失了什么？正如佛教徒和佛教研究者已经注意到的，缺的是：仪礼。

根据一些中国佛教史中最杰出的语言学家的说法，偈颂和仪礼是最让翻译者头疼的。一位权威甚至将对偈颂和仪礼的翻译比作给客人上菜前先自己咀嚼一遍：不但味道被破坏了，还会令人作呕。在五世纪早期的著名翻译家鸠摩罗什（350—413）的早期传记中，他解释了他对梵译汉过程中的困难的看法。鸠摩罗什的翻译日后成为中国佛教文献的标准文式，同时也是东亚佛教的标准语言。他有一

---

[1] Adamek（2007, 17—54页）；(2012)；Faure（1991）。

位龟兹母亲和一位印度父亲。他在罽宾和龟兹的寺院中学习,并在西北中国长达二十多年,在这里他熟练掌握了文言和汉语白话。此后,从公元四○二年到四一三年圆寂,他与十位同道和多达千人的译场助手在逍遥园译经三十二部,三百余卷[1]。

鸠摩罗什向他的一位弟子如此解释翻译的难处。他用中国音乐来对比强调形式和修饰的印度文体:"天竺国俗甚重文藻,其宫商体韵以入弦为善。"接着,他又将仪礼和偈颂相比。政治、宗教仪礼和梵文偈颂都注重安排、姿态、细节和嘉言。他说:"凡觐国王必有赞德见佛之仪,以歌叹为尊。经中偈颂皆其式也。"鸠摩罗什在他分析的核心部分指出在翻译的过程中丢失了什么:所有的文学美感。他说:"但改梵为秦,失其藻蔚。虽得大意,殊隔文体。"然后他又用比喻开了个玩笑:"有似嚼饭与人,非徒失味,乃令呕秽也。"[2]

鸠摩罗什的对比提醒我们,在贯彻将佛法翻译成当地

---

[1] 对鸠摩罗什生平的描述来自其现存最早的传记,参见僧祐《出三藏记集》卷十四,《大正藏》第55卷,第2145号,101页下。后来的记载将译经74种,384卷归于他的名下。参见智升《开元释教录》卷四,《大正藏》第55卷,第2154号,511页下。

[2] 《出三藏记集》卷十四,101页下;此处主要根据林屋(1958,1:389页)。

语言的教谕中佛教徒们所面临的困难。他说：信息和意思可以被传达，但其他重要部分却丢失了。他尤其担忧身姿和诗性：翻译无法传递身体技艺，仪礼核心的手势和身姿以及诗性语言的声调和重音。这些无法翻译的元素不是对更基础意义的微不足道的藻饰。相反，正如鸠摩罗什提醒我们的，它们是最关键的美味，是一个人与国王或宗教圣神接触时最重要的方面。

作为一种主要基于修行的宗教，如果其信众陷入了鸠摩罗什在翻译仪礼时所提出的阐释学困惑，那佛教就不可能存在下来了。中国佛教徒逐渐利用种种方法来寻求解决偈颂和身姿问题的办法，最终产生了包含不同类型的丰富的仪礼文献。为了简化这个无疑非常复杂的过程，我们可以使用一个基于来源和目标语言的表格来分析仪礼文献生产的机制（表1）。一个极端是用梵文或印度俗语写成的仪礼文本，由外国僧侣及其中国助手汉译。另一个极端则是在中国由中国的仪礼权威编纂的文本。两者之间的则是由中国僧侣汇编翻译文献而成的"仪礼类书"。

第一类文献，翻译自印度的佛教经典，主要是戒律文献。它们需要与中国佛教徒在最初所面临的修行挑战结合起来理解。佛教并不是如波浪或车乘般从西而来，而是由一个接一个的商人、僧侣、塑像传播而来。早期中

表1 早期中国佛教仪礼文献生产过程

源头语言	翻译	译者	目标语言	编集	作者	最终产物
梵语	⇒	外国僧侣及其中国助手	汉语			戒律、仪礼文等
梵语	⇒	外国僧侣及其中国助手	汉语	}	精英作者	"仪礼类书"等
（汉语）			汉语	}	当地僧侣	本土斋文

国僧侣的问题之一就是弄明白僧侣应该做什么：他们需要遵守哪些规定；他们如何受戒；他们该如何进行布萨（*uposatha*）。他们该如何处理和俗人的关系。三世纪中期，佛教僧团中对什么是戒律还没有固定的看法；而完整的汉译四部戒律直到五世纪早期才完成，八世纪早期又新译了一部戒律。这些文献描绘了一幅混乱的画面：僧侣们几乎不知道他们该怎样剃度，他们的仪礼常常模仿民间宗教。在后来的中国佛教徒眼中，早期信徒渴望真正的仪礼，即基于权威的、汉译自印度文献的仪礼。慧皎（497—554）将第一部汉文戒律（已佚）的译出描绘成一位外国改革者的斗争，他铲除了地方宗教实践并为僧伽奠定了坚实基础。昙摩迦罗（约222—254）成长于中印度，是一位掌握了大乘、小乘佛经和戒律的年轻僧侣。慧皎描写了昙摩迦罗在中国看到的失序状况及他重塑正统的努力：

以魏嘉平中,来至洛阳。于时魏境虽有佛法,而道风讹替,亦有众僧未禀归戒,正以剪落殊俗耳。设复斋忏,事法祠祀。迦罗既至,大行佛法。时有诸僧共请迦罗译出戒律,迦罗以律部曲制文言繁广,佛教未昌,必不承用。乃译出《僧祇戒心》,止备朝夕。更请梵僧立羯磨法受戒。中夏戒律,始自于此。迦罗后不知所终。[1]

中国最早的戒律,显然也没有存在多久。这个关于它的故事,激发了多个主题,此后在漫长的中国佛教仪礼实践的历史当中反复出现。佛教徒经常从道教和地方宗教实践当中借鉴仪礼形式,就像上面注意到的祠祀。最近的研究表明,借鉴和互惠在至少千年的时间里渗入了各个方面[2]。此外,僧侣在几个方面中都处于正确仪礼程序的定义的中心地位。首先,有些僧侣只是表面看起来是僧侣:他们剃度,但是却不知道集体出家生活的其他要求。其次,

---

1 慧皎《高僧传》卷一,《大正藏》第50卷,第2059号,324页下—325页上;见汤用彤(1992,13页);吉川和船山(2009—2010,1:59—60页);参考Zürcher(1959,55—56页)。
2 Bokenkamp(2007);Davis(2001);Mollier(2008);Zürcher(1980)。(未在参考文献中找到对应的)

被视作正规的僧侣被要求设定标准。在这个例子中，由于昙摩迦罗精熟印度语言写成的戒律，因此他被认为是权威。再次，直到外国人，且往往是正确受戒的僧侣，将正确的受戒方法传给生于中土的僧侣之前，本土实践并没有稳定的形态。我们也应该注意到，除了受戒之外，另一个关键的修行是布萨，就是每半月念诵波罗提木叉（pratimokṣa）。正如几位学者已经指出的，布萨这一寺院修行，无论是仪礼本身还是作为插入其他仪礼中的一个仪礼构件，都对俗人的忏悔行为产生了重大影响[1]。最后，很明显的是，决定特定仪礼的正确实践这个问题，通过仪礼文的编写解决了。也就是说，写成的文本细化了需要表演的每一部分并记录了仪礼中要用的所有词句。

中间部分的文本，是由中国僧侣将之前的汉译文献汇编成的仪礼轨范集。它们也在中古佛教生活中占有关键地位。早年间，生于中土的僧人，如活跃于南北方的道安（312—385），尤其精于编纂这类轨范文献。甚至在他参与对《十诵律》的不完整翻译之前，他就编集了用于多种仪礼表演的轨范，包括诵经和唱导，以及寺院集体生活，

---

[1] Chappell（2005）；Groner（2012）；Kuo（1994）；Robson（2012）；圣凯（2004）；Stevenson（1987）；汪娟（1998；2008）。

比如饮食、唱经以及忏悔。一部早期文献将他的轨范分为三类:"一曰行香定座上经上讲之法。二曰常日六时行道饮食唱时法。三曰布萨差使悔过等法。天下寺舍遂则而从之。"[1]

此后,能接触到佛教中心的寺院图书馆、地位崇高又博学的中国僧人继续遍寻当时藏经中能够被纳入轨范的文献。僧祐(445—518)就编纂了一部十四卷的此类作品[2]。他的弟子宝唱(?—516),编集了几部类似的作品,直到七世纪晚期仍存。宝唱因其博学和编集的作品而闻名,其中包括中国佛教最早的百科全书之一、著名僧人的传记、藏经目录及一篇早期的礼忏文。他还从众经中搜罗轨范片段将它们编入手册。正如下面所列,这些轨范范围很广:

---

[1] 慧皎《高僧传》卷五,《大正藏》第50卷,第2059号,353页中;参考Link(1958,53—56页);汤用彤(1992,183页);吉川和船山(2009—2010,2:133—135页)。"差使"这个词,尽管在佛学研究参考书中难以找到,但应该表示"指派"或"派遣"承担某项任务。参见汪怡(1978,2806页)。有些道安的轨范文直到八世纪仍被一位名叫嗣安的僧人带到四川。参见《历代法宝记》,《大正藏》第51卷,第2075号,182页下。
[2] 僧祐的重要著作《法苑杂录原始集》,只有部分保存下来。关于此书,参读Hureau(2012;2013;2014);李小荣(2010,552—553页)。

- 《众经供圣僧法》五卷
- 《众经护国鬼神名录》三卷
- 《众经诸佛名》三卷
- 《众经拥护国土诸龙名录》一卷
- 《众经忏悔灭罪法》三卷
- 《出要律仪》二十卷[1]

这些仪礼涵盖了各种关系,包括俗人给僧伽的供养、祈求好运及护国。其来源包括众经和诸戒律。同样由高僧进行的轨范搜集活动在此后延续下来。到本书所关注的敦煌斋文编成之前,仪范的标题还被诸如玄琬(563—636)、道宣(596—667)、道世(?—683)记录下来[2]。

第三类仪礼文本属于本土一端。它们由中国作者以中文写成。在本土作品这个类别中,体裁的范围也很广。例如善导(613—681)的《往生礼赞偈》,意在将汉语作品建构在它们的印度先驱之上,在一卷的文本内将汉译而来

---

[1] 道世《法苑珠林》卷一百,《大正藏》第53卷,第2122号,1021页中—下。宝唱的传记,参见道宣《续高僧传》卷一,《大正藏》第50卷,第2060号,426页下—428页上。
[2] 道世《法苑珠林》卷一百,1023页中—下。

的藏经及中国本土作品聚在一起[1]。这本书是韵句,也就是在汉语中称"偈"或"伽陀"的汇编。它包括了六种独立的礼拜阿弥陀佛的仪礼程序,包含描绘阿弥陀佛和净土的景象、忏悔个人过失及回向这些行为产生的功德。这六个文本涵盖了三种不同种类的文本。前两种是偈颂,用在日没和初夜时,包括了被认为是佛陀所说的话。它们来自畺良耶舍(383—442)所译的《观无量寿(佛)经》。接下来的两组,需要在中夜和后夜念诵,它们来自被认为是两名印度佛教大师龙树(约二—三世纪)和世亲(或天亲,约四—五世纪)作品的汉译。最后两组则从中国本土作者的作品中而来,一组来自彦琮(557—610),另一组来自善导自己,分别用在晨朝和午时[2]。善导的作品在中古时期经常被引用,在敦煌写本中也有强烈体现,因此它看起来是

---

1 善导《往生礼赞偈》,《大正藏》第47卷,第1980号。这部作品有不同的标题,出现在四号敦煌写本及其他三种独立流传的文献当中,也曾被四种早期文献所引用,特别参看广川(1984,433—450);高濑(1936,361—396页)。其他研究包括望月(1954—1963,339页中);小野(1991,1: 371页c—372页d);Stevenson(1987,286—292页)。

2 善导所引用的材料有:畺良耶舍译《观无量寿(佛)经》(*Amitāyur buddhānusmṛti sūtra*),《大正藏》第12卷,第365号;鸠摩罗什译龙树《十住毗婆沙论》(*Daśabhūmika vibhāṣā*)卷五,《大正藏》第26卷,第1521号,43页上—中;菩提流支译世亲/天亲《无量寿经优婆提舍愿生偈》(Sukhāvatīvyūhôpadeśa,即《往生论》),《大正藏》第26卷,第1524号。

一部被经常用来查询的轨范。一直到八世纪，善导编集用于仪礼的偈颂的方式依然被其他高僧所效仿，智升和法照（八世纪中期）的作品清楚证明了这一点[1]。

处于本次讲座核心地位的斋文是汉地产物。它们并非直接从梵语文献翻译而来，也不是由后世编集者汇编的汉译佛经中的片段。然而，本土斋文的逻辑和语言——它们潜在的哲学、修辞、程序却和印度原型拥有某些共同的特点。这一讲剩下的部分将遵循这一佛教仪礼的更广背景，指出早期印度佛教仪礼传统和在中国写成的斋文之间的一些延续性。

三 模式、类目和隐喻

将行善产生的果报回向给他人是佛教世界中许多最普遍的仪礼的核心。正如我们所见，仪礼在跨越语言和文化樊篱的传播中采取了多种形式，从严格监督下的翻译到自由形式的本土解释。无论翻译和撰写的方式如何，仍然有可能识别出其中基本观念的延续、通用的表达和不断再现

---

[1] 智升编集了《集诸经礼忏仪》，《大正藏》第47卷，第1982号。这部作品的后半部分完全重复了善导的作品。关于法照的相关作品，参广川（1984，451—456）；塚本（1975）。

的理想。因此我们现在要考虑一些佛教仪礼文化中普遍的模式：关于功德回向的最初发起者的常规性故事、布施物品的标准类目、对做功德中通往解脱的心理危险和障碍的持续讨论以及不断再现的隐喻。

佛教社群似乎很早就对功德分配如何起源达成了共识：它始于释迦牟尼佛觉悟后不久，两兄弟提谓和波利首次向他供养食物。在大多数版本都一致的核心故事中，叙述的主要人物有佛陀、两兄弟（商人）、用法力将两兄弟置于供养之路的地方神祇以及四天王。

故事被设定于释迦牟尼证悟成佛的四周之后，这期间他未曾进食，禅坐于树下。树神注意到了觉者并将两兄弟唤来，鼓励他们用食物供养佛陀获得功德。在这个故事最简略的版本中，神祇建议商人说："二位，在蓝迦耶塔那树下的是世尊，刚得证悟。快去将大麦面包、酪蜜供养他。这样会给你们带来长久的功德和安乐。"两兄弟将食物供养给佛并发愿道："世尊，愿为我等接受此大麦面包、酪蜜，这样将使我等长得功德安乐。"然而供养并未达成，因为释迦牟尼担心他不该像其他隐士一样用手接受供养。四天王了解佛心，各从四方，将四钵盛食，解决了这个仪礼礼节问题。释迦牟尼接受了供养并食用，之后两兄弟进行了第二个基本仪礼：他们皈依佛陀和佛法，成为佛教最早的优婆塞(由于当时佛陀还未首次说法,尚缺乏出家的信徒,因而佛陀还未建立僧伽,所以两兄弟只能皈依二宝,而非三宝)。在第二次仪礼行为中,两兄弟顶礼拜佛以后说:"世尊,我们皈依于您和您的教导。世尊,请接受我们作为你的优婆塞。我们从今天直到永远皈依于您。"[1]

前面的叙述,主要基于上座部巴利文戒律。在其他来源中,包括早期梵文的叙述、本生的序论、其他部派的戒律和后来的佛传中[2],它被大大扩充。一个扩充的节点就是佛陀保证施主能够得到福报。佛陀用长短不一的偈颂承诺,这些福报从美貌、健体到安乐、健康、长寿、星神庇护、

---

[1] 以上翻译基于巴利文律藏,参考Nakamura(2000—2005,1:223—224页)。
[2] 这些关键史料包括:Nakamura(2000—2005,1:223—227页)中所讨论的《大品》(*Mahāvagga*,律);《本生经》的序论(*Nidānakathā*);《破僧事》(*Saṅghabhedavastu*);*Catuṣpariṣatsūtra*;佛陀什、竺道生译《弥沙塞部和醯五分律》,103页上—下;佛陀耶舍、竺佛念译《四分律》卷三一,781页下—782页上;义净译《根本说一切有部破僧事》(*Mūlasarvāstivāda-vinayavastu*)卷五,《大正藏》第24卷,第1450号,125页上—下;支谦译《太子瑞应本起经》卷下,《大正藏》第3卷,第185号,479页上—中;求那跋陀译《过去现在因果经》卷三,《大正藏》第3卷,第189号,643页中—下;阇那崛多译《佛本行集经》(**Abhiniṣkramaṇa-sūtra*)卷三二,《大正藏》第3卷,第190号,801页上—803页上;竺法护译《普曜经》(*Lalitavistara*)卷七,《大正藏》第3卷,第186号,526页中—527页上;地婆诃罗译《方广大庄严经》(*Lalitavistara*)卷十,《大正藏》第3卷,第187号,601页下—602页下。相关研究参看赤沼(1931,680页b—681页a);Buswell and Lopez(2014,921页a—b);望月(1954—1963,3193页a—b)。

坚韧、美德、速通佛法、得涅槃[1]。叙述的另一个焦点是四天王持来的钵。在有些叙事中,佛陀使四钵神奇地合为一个。有些版本在舍利崇拜上铺叙开来。在这些叙事中,佛陀将其发、爪赐予提谓和波利,命令他们将其带回故土,起塔供养。释迦牟尼向他最早的这两个俗家弟子保证,供养他神圣的舍利(身体部分)和直接对佛陀的布施一样有效。后起的文献将两兄弟看作佛教修行的典范:一部五世纪的汉文佛经《提谓波利经》,充分利用了两兄弟在佛教历史中的地位,通过对诸如五常等汉地观念的阐发,发展出了一套俗人道德观的实践体系[2]。

有几个重要的主题,存在于所有不同版本的提谓和波利的故事中。这个故事的潜在关注点是俗人为佛陀或其替代物提供的供养。毫无疑问,如此行为能为施主带来福报。这也是林神将二兄弟导向佛陀的出发点;甚至在两兄弟正式皈依佛陀前,就实践了这个观念并在发愿中阐明它;在好几个版本中佛陀用很长篇幅赞扬了这些福报。这个故事

---

1 对这些福报列举最长的是《太子瑞应本起经》卷下,《大正藏》第3卷,第185号,第479页中,足足有二十七句。
2 就利用敦煌写本和中古类书中的引文重构《提谓波利经》的情况,参见牧田(1976,184—206页);对其研究,参见Tokuno(1994,特别是217—348页)、Lai(1987)、Ziegler(2001,104—111页)。

同时也揭示了对仪礼程序细节的焦虑。有一些版本探讨了接受食物供养的合适容器，另一些则解释了当施主不在佛陀面前时，应如何供养佛陀。尽管细节有所不同，所有的版本都认为俗人给佛陀的供养会带来功德和平安。

以上我论证了在大部分佛教世界中，提谓和波利的故事已被当作布施行为的典范。还应思考的是什么样的东西适合作为布施。对这个问题的讨论经常集中在有七种物品的类目中。类目的内容各有差异，但主要的观点似乎是俗人可以进行以下七种不同的做功德的布施：一、施土地给僧伽，二、施房舍、堂阁给寺院，三、于房舍中施与床座等，四、施钱财给寺院，五、为旅者和陌生人作旅舍，六、治愈病患，七、干旱时施舍食物和水[1]。（图1）

正如安德烈·巴洛（André Bareau）在一九五五年令人信服地证明的，早期印度佛教部派论辩的领域相当广泛。不同部派在大量的论题上保持着泾渭分明。对我们的分析

---

[1] 这里根据的是Lamotte（1958，79—81页）在 *puṇyakriyā-vastu*（福业事）下的总结。荻原（1979，791页a）提供了六种文献的引文（*Aṣṭasāsrikā-prajñāpāramitā*，*Bodhisattva-bhūmi*，*Sphuṭârtha abhidharmakośa-vyākhyā*，*Mahāvyutpatti*，*Śikṣāsamuccaya*，*Lalitavistara*）。此外还能加上瞿昙僧伽提婆译《中阿含经》（*Madhyamâgama*）卷二，《大正藏》第1卷，第26号，427页下—428页上；瞿昙僧伽提婆译《增一阿含经》（*Ekôttarâgama*）卷三五，《大正藏》第2卷，第125号，741页下。参Kieschnick（2003，158页）。

图1　写满愿文的瓦片（二〇〇八年于韩国佛国寺）

至关重要的是，在广泛的论辩之中，供养和功德回向是论辩的重要议题。巴洛将这些争辩归纳为以下类别：

- 佛、菩萨、阿罗汉及其他圣贤
- 僧伽和俗人
- 罪犯
- 神和魔
- 业报、因果、善恶及不定的分类
- 执和贪
- 解脱道、清静和德、供养

- 谛和四果
- 入道、果位、退转
- 济和灭
- 行和智的本质
- 自识、心、心相续、睡眠和梦
- 三昧定和禅定
- 欲界、色界、无色界
- 来世事物、色、身体、生命、胎和生、死、存在论、制造的、非制造的、时空
- 人、苦、蕴
- 宇宙秩序[1]

在供养的类别下,巴洛又列出了早期印度佛教中十个具体论题:

一、成熟于来世的布施
二、心灵布施
三、僧伽接受布施
四、僧伽净化布施

---

[1] 我这里的分组主要根据Bareau(1955,260—289页)中的次序。

五、僧伽享用布施

　　六、布施僧伽产生大果报

　　七、布施佛陀产生大果报

　　八、施主净化布施

　　九、支提崇拜产生的大果报

　　十、人将安乐传与他人[1]

巴洛对争论焦点的分析表明佛教对施舍和功德的立场从来都不是封闭和固定的。早期的论辩围绕着基本的问题展开：如果做功德可以被比作成熟的过程，那么种子在哪里成熟？怎样成熟？僧伽和本地佛教圣地在这个过程中的地位如何？他们似乎不只是布施的直接受众，同时也是有活力的主体，提升施舍的效力。这些正面的情感价值如何能在整个事业中的不同参与者中分享、延续？

　　就像其他传统一样，佛教不断对施舍进行论辩，但同时也达成了某种一致，即对思考不变前提时所用的基本隐喻达成一致。一个跨越了佛教世界中的语言分隔的基本隐喻就是福田。这一理念为对施舍和福报的讨论提供了基本框架，福田的隐喻点明了理解佛教社群中不同群体间的关

1　Bareau（1955，269—270页）。

系的关键模式。即便在印度文献中,"功德"这个词有多种含义,不但指布施行为的福报,也指伴随施舍过程的快乐。汉语文献利用了这种多义,也相应使用了一系列术语,包括"福"和"功德"。福田的隐喻出现在大量早期印度文献中,但却在中国的佛教作品中尤其完备[1]。

正如宗密(780—841)所阐明的,这个隐喻包含三个部分:种子、用来耕田的牛和犁及田地[2]。这三者对最后的丰收或五谷生产都有作用。与种子相对的是人进行布施的动机。宗密区分了三种善良的动机:悲心、敬心、孝心。他使用牛或犁之类元素来区分不同种类的布施:衣、食、财等,然后进一步将其分等为强、弱和多、寡。第三部分:田,被视作施舍的直接接受者。根据宗密的看法,可以分别在大型宗教法会中施与贫者、病人,也可施与以三宝为名的佛教群体,还可施与个人的父母和祖先。

通过隐喻来表现机制,福田的观念甚至为那些它所忽视或阻碍的观念提供了启发。这个隐喻将施舍的巡回描述

---

[1] 关于印度的材料,参读Filliozat(1980);望月(1954—1963,4396页中—4397页下)。关于其在中国的发展,参读Gernet(1995,217—228页);Kieschnick(2003,157—164页,215—219页);道端(1957,381—440页;1967);Teiser(1988,208—213));常盘(1941,471—498页)。

[2] 宗密《盂兰盆经疏》卷上,《大正藏》第39卷,第1792号,506页上;Teiser(1988,210—212)。

为农业活动,进而将佛教施舍关系网中的所有参与者:施主、施舍物品的制造者、施舍的直接接受者,都引入一个更伟大、理想的社会。通过将施舍背后的动机建构为一粒种子,这个隐喻为佛教的诡辩提供了极大空间——对任何一种布施行为成败与否的私心及执念的地位的细致分析。这个隐喻利用了农业的有机本质,进而对施舍进行了纯经济学的概念化。类似的,财富的不平等——也就是有些佛教徒能给予、收获丰厚,有些则不然——被自然化了,被理解为农业活动的一部分。

在诉诸福田的讨论之外,佛教哲学家们继续对施舍的心理学复杂性表示忧虑。一个了解这种关怀的办法就是思考佛教文献中与功德有关的类目。众所周知,巴利文佛典经藏的第四部,Aṅguttara-nikāya(《增一阿含经》,只在一部简略汉文译本中有粗略反映)包含了以每部经中所列的事物数量为类整理而成的数以千计的短文。与施舍相关的类目在"五"和"八"这两部分出现最为频繁。题为"上人(巴利文:sappurisa)布施"的短文声称:"他出于信仰布施;他恭敬地布施;他在合适的时机布施;他以慷慨之心布施;他不以诋毁之心布施。"文献接下来解释了每种施舍态度的业报。比如第一种业报是:"由于他出于信仰施舍,无论果报何处成熟,他都将富有、拥有大量财富。他英俊、动人、优雅,并被赐予最美的面色。"[1]这一教谕强调进行布施时施主的合适行为:是否在合适的时间完成?是否表现了适当的尊敬?它使受众感觉如何?表演越完美,施主的果报就更甜美。

《增一阿含经》中"八"的部分的几条继续分析做功德行为[2]。这些例子展现了佛教功德积累所带来的一些救赎性困境。在一个强调行为背后意图的道德传统之中,参与似乎是善行的行为的动机尤其重要。最显著的例子就是出于自私动机,但客观上正确的举动也会被谴责。但在佛教对布施的分析中,还有更为微妙的划分:你是否出于恐惧而布施?是否只是为了保持家庭传统而布施?是否为了获得幸福的转世而布施?如果是这样,希望转生哪重天?如果只关注今生,你会继续作为一名施主来让自己安乐吗?正如"八"的部分的类目表明的,你在获取功德时的心境也很重要。你对受众是喜爱还是愤怒?佛教也分析人在施舍时的举动:一个人需要出于信仰,在合适的时机,以慷慨之心而非诋毁之心尊敬地进行施舍。

大沼玲子(Reiko Ohnuma)和其他学者最近的研究探

---

1 Nyanaponika and Bodhi(1999,139—140页)。
2 Nyanaponika and Bodhi(1999,197—226页)。

讨了佛教布施哲学中类似的微妙差异。她关注对施舍的模糊态度,集中探讨模范的或过度的布施——比如许多本生故事中的"舍身"(*dehadāna*)——的紧张性。完全完美的施舍几乎不可能,无上慈悲经常被执念所中和。如她所说:"就像纯洁施舍的逻辑预示着最为自私的交换,那么最自私的逻辑也预示着最纯洁的施舍。"[1]这种布施美德的渐进性,是因为佛教伦理学家重视动机。

大乘哲学也将其辩证法扩展到功德回向观念上。在许多般若波罗蜜多文献中,这是一个明确的论题。在这一脉的思想中,菩萨面对他所解救众生的适当态度是明白众生并未因此得到解救。同样的逻辑也适用于菩萨给予的施舍和他所回向的功德:在明白它们是空的同时,它们也是满的。这些文献也确立了智慧增大功德的功效。《八千颂般若经》用一卷叙述菩萨的功德回向及他在回向中的欢喜。它赞扬了菩萨应该如何使用他人通过善行获得的功德,在福乐中快乐,将功德积少成多,再为了众生的觉悟回向给他们[2]。

《金刚经》和其他大乘文献也开启了通过修行者对传

1　Ohnuma(2005,120页)。
2　Conze(1975,124—134页)。

播文本本身,就能获得无限的功德的承诺[1]。这一脉的思想中,经常提及通过献身于抄写、朗读、背诵或崇拜文本而获得的"无量、无数"(*aprameyam asaṃkhyeyam*)功德。在《金刚经》著名的一品中,佛陀通过比较布施无数财宝和学习、教授经中四句偈颂所获得的功德,说:"若人满三千大千世界七宝以用布施,是人所得福德,宁为多不?须菩提言:'甚多,世尊。何以故?是福德即非福德性,是故如来说福德多。'若复有人,于此经中受持,乃至四句偈等,为他人说,其福胜彼。'[2]

对诸如无量这类词的频繁应用并不只是夸张。佛教传统对功德的难以捉摸的特性——它的超稳定性——有长久而艰难的思索。确实有一些材料提出计算功德的方法——最广为人知的也许是中国本土文献《灌顶经》中的主张。为已经死去的、在世时行为不完美的亲人所作的功德,七分之中只能获一[3]。还有一些文献表明,从布施获得的功德

---

[1] 对于《妙法莲华经》中的这一主张,参读Stevenson(2009);关于《金刚经》及其崇拜,参见Schopen(1975)。

[2] 鸠摩罗什译《金刚般若波罗蜜经》,《大正藏》第8卷,第235号。

[3] 这一主张在《佛说灌顶经》的第十一卷《随愿往生十方净土经》中出现了两次,分别在《大正藏》第21卷,第1331号,530页上,531页中。该经伪托帛尸梨蜜多罗所作,但更应该是由慧简编集的。参见Strickmann(1990)。其他的例子广泛见于中古和前现代的中国宗教当中,在十六世纪到十八世纪的善书中达到顶峰,参见Brokaw(1991)。

不能被理解为机械的回向、经济上的交易或基于理性计算的交换。相反，这种观念中的功德是取之不尽的、自我更新的资源，能够不断再生。《弥兰陀王问经》的第七十四问将功德的复原性归功于善行。僧侣龙军这样解释恶和善间的差别：由于恶能引起执念并使人萌生悔意，因此恶是有限的，其效果也是有限的；而善，则像泉水一样常涌。在使用了涌泉的比喻以后，龙军说："大王，善更见增加亦复如是。大王，若人于一百年间将其所作之善回向他人，当其再三回向时，善更见增长；他可能与任何所愿之人分享该善。"[1]

另一方面，功德也是压抑不住的：它的产生包含了社会情绪，所以它不可能被局限于一个人。经济学上的交换模型或金钱交易看起来并不恰当。布施这一行为创造的快乐应该与他人和圣神分享，他们反过来也会增大功德的安乐效果。有时通过施舍创造的功德似乎是流行性的，就像福气和欢乐可以被一个社群中的人共享一样。根据《大般涅槃经》，佛陀即将圆寂时，他被摩揭陀的两位大臣邀请去用餐。饭后他对俗众进行了一次重要的讲法，并以一首赞扬功德带来的快乐的偈颂结束了拜访。偈颂说不只智慧

---

[1] 巴宙（1997，277页）；参考 Rhys Davids（1890—1894，2：155—156页）。

的俗人可以通过施舍给圣人获得功德,地方圣神作为响应,也会将功德无限地回向给施主[1]。

四 程 序

正如我们所见,"蔓延"(contagion)这个词不仅能描述功德——它难以控制、不断更新自己、冲破人与人之间的界限,这个词也能用来描述对功德的隐喻,即佛教传统中讨论福报分享的不同方式的传播。这一部分继续了这种看法,关注穿越语言和文化分隔的、包含功德创造和回向的仪礼的延续性。我对仪礼表演中不断重现的程序很感兴趣,因为这些程序为整合仪礼中单一的步骤建构了更广的逻辑。

一开始先考虑佛教做功德仪礼中的次序原则的话,会很有帮助。从早期印度文献到唐代汉译文献及其后密教的改造,中古佛教中的一个普遍结构似乎包括了四个基本步骤或部分:一、拜佛;二、供养;三、忏悔道德过失;四、将产生的功德与众生分享,来帮助众生觉悟。

这个程序最普遍的形式就是对供养仪礼中七个步骤的列举。自从十一世纪以来,整个程序及其七个步骤的名字

---

[1] Nakamura(2000—2005,2:61页,245—246页注释169);参考Walshe(1995,238页);Gombrich(1973,207页)。

就确定下来,在印度和中国的术语间形成了大致对应。通用名叫"最上供养"或"七支作法"。

表2 最上供养(或七支作法)[1]

梵文	中文
anuttara-pūjā	最上供养
saptāṅgavidhi	七支作法
1-vandanā	礼拜
2-pūjanā	供养
3-pāpa-deśanā	忏悔
4-anumodanā	随喜
5-adhyeṣaṇā	劝请
6-bodhicittotpādaḥ	发愿
7-pariṇāmanā	回向

礼拜是第一步,包括通过顶礼膜拜和赞颂来表达对主神(通常是佛陀)的礼敬。紧接着的是供养,包括花、香、水和食物。最初这两步中的每一步,如同其后各步一样,理想中都应通过言(使用语言)、身(以身体奉供养)、心

---

[1] 梵文和中文术语主要来自荻原(1979,58页),根据施护译《法集名数经》,《大正藏》第17卷,第764号;又见Payne(2004,724页a—b);Buswell and Lopez(2014,776页)。

(心中默思圣神，通过想象使其现身)三媒介完成。忏悔紧接其后，包括默念程序化的罪过，一般包括基本的佛教道德，比如五戒或避免十不善道。至此，主要的行为（特别是供养和忏悔）已经完成并产生功德；接下来的仪礼步骤是关于管理和回向这些功德的。随喜将参与者的注意力转向将要分享功德的众生。接着是一个插曲，执事直接请求佛陀教授、分享他的智慧，这一步伴随并促进了向帮助他人的转向。接着发愿者发愿，表明他已登菩萨道，试图模仿佛陀已经成就而菩萨正在修行的事业。最后，已经产生的功德被正式回向给特定受众或生灵。

七支供养的大致结构在中国佛教斋文传统中或被缩短或被加长。直到七世纪，也许最广为所知的是一个简略版，存在于天台宗忏悔文中，包含五个清晰的步骤。其程序包括：一、供养；二、敬礼；三、忏悔；四、回向发愿；五、三自归[1]。除了在主要的忏悔行为之前的两步次序颠倒以外，整个简略版的程序和一般的七支供养没什么不同。其他的仪礼结构也建立在相同的基础之上，但将步骤增加到十步。这是由般若（744—约810）所译的《大方广佛华严经》的最后一卷——第四十卷所采取的策略。这一卷的

---

[1] 根据Stevenson（1987，456—457页）中对这个五个步骤的分析。

内容讨论了与普贤菩萨有关的十种广大行愿。它使用了十支结构来归纳善财的游行并概括了整部经的思想和实践。十行是：一、礼敬诸佛；二、称赞如来；三、广修供养；四、忏悔业障；五、随喜功德；六、请转法轮；七、请佛住世；八、常随佛学；九、恒顺众生；十、普皆回向[1]。这里特别值得注意的是尽管在仪礼中加了几个步骤，但《大方广佛华严经》仍然保持着我们在一开始就注意到的包括礼拜、供养、忏悔和功德分享的基本程序。

七支供养在地域和时间上的广度是佛教史中一个引人注目的特点。但也许正是因为它涵盖了这么多宗派、时段、语言群体，所以才没有受到学术界的持续关注。我们可以从早至三世纪直到十二世纪的大量文献中，找到这个结构。包括[2]：

---

1 般若译《大方广佛华严经》（*Avataṃsaka sūtra*）卷四十，《大正藏》第10卷，第293号，844页中；Sure（2003，312—327页）。对七支和十支系统的表格状对比，参见迦色（2008，285页）。

2 这些类别各自的代表性作品有：敦煌三藏译《决定毗尼经》（*Upāliparipṛcchā sūtra*），《大正藏》第12卷，第325号；其后8世纪的《大乘集菩萨学论》（*Śikṣāsamuccaya*）中有引用，参见小野（1991，3：139页c—d）。观经：佛陀跋陀罗译《观佛三昧海经》，《大正藏》第15卷，第643号。普贤愿文：佛陀跋陀罗译《文殊师利发愿经》，《大正藏》第10卷，第296号。天台：智𫖮《法华三昧忏仪》，《大正藏》第46卷，第1941号。三阶教：信行《受八戒法》，伯2849。佛名经：菩提流支译《佛名经》，（转下页）

- 早期梵本 *Upāliparipṛcchā sūtra*（《决定毗尼经》），反映在三世纪的汉译本中。
- 五世纪早期的观经
- 五世纪早期的普贤愿文
- 智颛（538—597）所作天台宗忏悔文及其他
- 信行（540—594）所开创的三阶教忏悔文
- 《佛名经》
- 如善导（613—681）之类净土宗人物所作仪礼文
- 由不空（705—774）等密教大师所翻译的仪轨
- 始于般若（744—约810）至十一世纪，与《大方广佛华严经》相关的经和仪礼文

（接上页）《大正藏》第14卷，第440号。净土：善导《往生礼赞偈》，《大正藏》第47卷，第1980号。密教：不空译《普贤菩萨行愿赞》，《大正藏》第10卷，第297号。华严：上引《大方广佛华严经》；以及Sure（2003，70—207页）。晚期大乘：寂天（Śāntideva）《入菩提行经》（*Bodhicaryāvatāra*）和《大乘集菩萨学论》（*Śikṣāsamuccaya*）。吐蕃早期：莲花戒（Kamalaśīla）《修习次第》（*Bhāvanākrama*）。密宗修法：阿底峡（Atīśa）《菩提道炬论》（*Bodhipaṭapradīpa*）。密教法集：《成就法鬘》（*Sādhanamālā*）。对七支供养和相关仪礼的原始文献的进一步讨论，参见Crosby and Skilton（1996，9—13页）；Sure（2003，36—69页）；Idumi（1930）；Makransky（1996）；Payne（1997；2004）；尤其是Stevenson（1987，362—431页，432—462页）。

- 印度和古代西藏地区的晚期大乘教义和修行形式
- 早期关于修菩萨道的藏文文献
- 关于密教修法步骤的藏文文献
- 十一世纪到十二世纪的梵文密教法集

在这段漫长的历史中,对仪礼基本程序的保持引人注目。这提出了一系列从语言学到修行和哲学的问题,我们在此尚难以回答。不过,我们可以确信的是这一仪礼范式在中古中国的重要性,七支供养的大体结构在当时广为所知。正如丹尼尔·史蒂文森(Daniel B. Stevenson)注意到的,较广的结构(如果不是单个部分的话)的整体延续性,表明中国佛教长达几世纪的整体的仪礼传统。他说:这表明,"一种普遍的仪礼遗产穿越单个宗派和信仰偏好,并作为整个中国佛教崇拜的一体化基础发挥作用"。[1]

五 结 论

作为结论,让我们回顾一下佛教仪礼整体程序的某些延续性。正如我们所见,在历史进程中,对于理想的供养

---

[1] Stevenson(1987,436页)。

仪礼有很多版本，包括不同数量的步骤，每一步都有自己的名字。然而，有一个潜在的延续性，也就是我前面描述过的普遍程序：对主神的礼拜，接着是供养、忏悔和通过回向和发愿来和他人分享行为带来的善果。敦煌的斋文有时繁化、有时简化这个基本程序，它们彼此之间也有很大不同，但在大多数时候它们都遵循相同的程序。它们以赞颂佛陀起首，接着进行供养、忏悔并将果报回向给他人，再为特定福报发愿。

延续性和遗产当然有其复杂性和竞争性，研究仪礼的历史学家一定要警觉地对传承下来的形式、新的创造及意义的变化进行再阐释。本书的下一讲继续这一探求，通过检讨做功德仪礼中各步骤中使用的语言来更加精准地确定传统和变化的混合。正如卡贝松（José Ignacio Cabezón）和其他学者在研究藏人对早期印度仪轨模式的再阐释时注意到的，有些基本的隐喻和程序反映了印度或泛亚洲的传统，然而本土斋文的另一些方面，特别是语言和文式，则更应归因于本土的发展[1]。

1　Cabezón（1996）。

第三讲 | 疗以善业：中古佛教患文

一 中古中国的医疗文化

如果关于患文的描述——普遍使用、几乎人人都可以操作、建立在佛教最基本的理念之上——都是正确的,那为什么患文至今仍从根本上被忽略呢?我认为有两个原因:一是佛教传统中有许多形式的宗教疗法,但大多数佛教中人对俗众的风俗习惯却毫无兴趣;二是由于佛教作品中的上述倾向,现代学者尚未充分发掘敦煌文献的宝藏来弥补这一缺憾。

佛教思想大师们经常讨论疾病和治疗,他们中的许多人也能医善药。例如智颛,一位佛教思想和修行理论大师,同时也是六世纪的天台宗祖师。他就在多处讨论过疾病,《摩诃止观》中提到治疗方法时说:

> 治法宜对不同。若行役食饮而致患者,此须方药调养即差。若坐禅不调而致患者,此还须坐禅,善调息观乃可差耳,则非汤药所宜。若鬼魔二病此须深观行力,及大神咒乃得差耳。若业病者,当内用观力,外须忏悔,乃可得差。众治不同宜善得其意,不可操

刀把刃而自毁伤也。[1]

与佛教医疗传统一致，智颉将"业"（karma）作为一种可能的病因，却并未将"业"作为一种可能的疗法。因此，值得注意的是，尽管智颉试图提供所有的医疗方法，但却没有使用诸如"业""功德"或"回向"这样的词。如果我对于简易的佛教医疗仪式在中古时期非常普遍的主张是正确的话，那么智颉及其同侪没有提及它们的原因，就在于它们实在太普遍了，不值得佛教中的精英作者们严肃对待。

现代学术研究也往往避开以善业疗病的现象。与之相反，学术界却将目光投向佛教中的医疗亚文化[2]。艺术史和佛学研究都对药师佛有充分的研究[3]。社会史家们的研究表明，尽管有寺院戒律的限制和世俗法律的束缚：它们表面上都禁止受戒的僧尼进行医疗活动，但中古晚期佛教僧侣的医疗实践在中国非常繁盛。一方面，许多藏内文献清楚地声称，由于医疗是其他宗教的法师所娴熟的技能之一，

---

1 智颉《摩诃止观》卷八，《大正藏》第46册，第1911号，107页下—108页上。另参见 Demiéville（1985，80—83页）；Salguero（2014，102—105页）。
2 参见 Demiéville（1985）；Salguero（2014；2017）；Sivin（2015，129—170页）。
3 Birnbaum（1979）。

因而佛教僧侣不得疗治俗众之病[1];另一方面,由于近年来对藏内、藏外佛经,墓志,正史及文学材料的研究,我们已经认识到这一说法在日常生活中只是个幌子[2]。

接下来我要讨论的患文写本与中古中国其他的医疗传统不同。实际上,比起我们研究密教的同行们所阐述的复杂而奢华的仪式,这些仪式更为简单、朴素,也更普遍。我们一会儿就会看到,比起密教仪轨中的神人合一的模式,敦煌的患文则基于"业"的逻辑。不像那些号脉、配药的医者和僧侣,抄写患文的僧侣只负责功德的回向,而不是医药(图1)。那么,就让我们先来看看患文中的"业"或者"功德"所体现的观念。

二 疗以善业

我最近在中文期刊上发表的论文和面向敦煌学学者发表的演讲中,对敦煌斋文的研究采取了表演性的研究路径[3]。表演性分析在解释如何创造善业并将其用于治疗病患

---

[1] 例如佛陀耶舍、竺佛念译《长阿含经》卷十三,《大正藏》第1册,第1号,84页中;Demiéville(1985,36页)。

[2] 陈明(2003);刘淑芬(2004;2005;2008b);Salguero(2014);郑志明(2003)。

[3] 太史文(2007b;2007c;2014b;2018);Teiser(2009;2017;unpublished)。

图1 诵经疗病。莫高窟103窟主室南壁所绘《妙法莲华经·法师品》经变

时尤其有效。为了说明这点,下面我将对一件代表性患文作详尽分析,主要关注仪式的各个步骤。

我们先来读一篇完整的患文,再读另一篇的一半。第一篇患文存于十二件敦煌写本中,有卷轴装(图2),也有册子本(图3)。其中一件题作"患文",我的录文(见附录一)主要根据斯1441背。

患文的第一部分通过赞美佛陀提供了整个仪式的宏大开篇。它同时使用了佛教和中国本土哲学传统中的抽象语

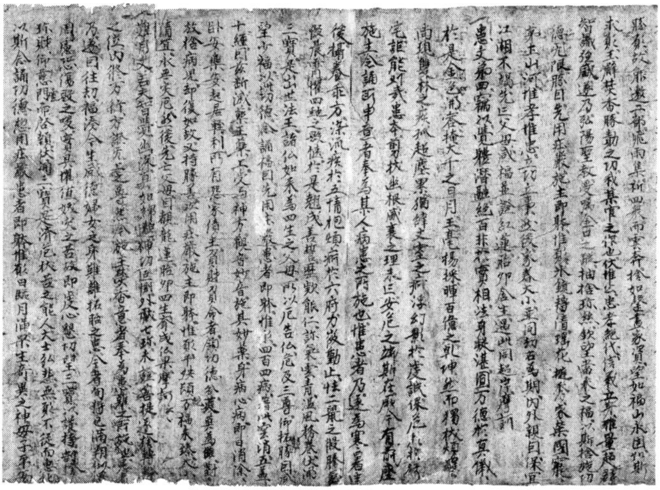

图2 患文，斯1441背—3d，卷轴装

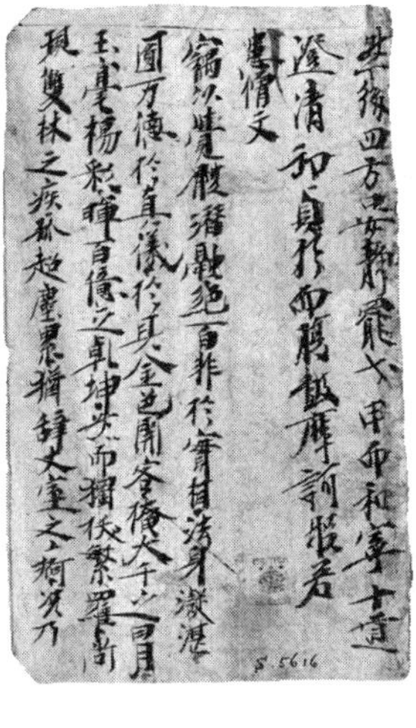

图3 患文，斯5616—2，册子本

词，通过使用对仗的崇高字眼而透出严肃的语调。起首的两句非常抽象地说：

  [I 叹德]
  [A] 窃以
    觉体潜融，绝百非于实相
    法身凝湛，圆万德于真仪

接下来的两句则提及了佛陀的身体特征——他的金色皮肤和白毫相：

  [B] 于是
    金色开容，掩大千之日月
    玉毫扬彩，辉百亿之乾坤

在这之后，赞扬转向佛陀在人间的活动，叙述他对正在受苦之人的拯救。（这里我不再详述C、D、E、F部分，只是简要总结一下。）患文接着说到佛陀也饱受疾病之苦，并最终圆寂于娑罗双树间。同时患文又将佛陀作为维摩诘的学说的教授者。维摩诘曾以方便现身有疾，利用神通力扩大居室将前来问疾之诸菩萨大弟子众容纳其中。

到此处为止，患文尚未直接提及仪式本身。除了模糊提到佛陀的法力及维摩诘的疾病外，这些词句可以作为任何佛教仪式的号头。患文的第二部分，则将注意力直接转向仪式参与者及他们举行仪式的原因。实际上，一些患文将这部分题作"斋意"。这部分与佛陀无关；相反，它说明了仪式的施主、受益者及仪式应达成的目标。这部分是以粗浅的散文形式写成的：

> [II 斋意]
> 厥今有坐前施主念诵所申意者，奉为某人染患之所施也。

患文在这里使用了"某人"这个词，这个词经常出现在范本当中。范本指在不同场合中大声朗读或为不同施主写成的斋文合集。仪式进行时，执事僧侣会将病人的名字填到"某人"这里。

患文的第三部分转向病人，阐明其目的，重新改为工整的骈体形式。有时这一部分既有颂扬也有责备，先颂扬病人的美德，再说明病人可能导致疾病的罪过。无论如何，这部分总是会提到病人的病痛：

[III 患者]

[A] 惟患者乃遂为

　　　染流疾于五情，抱烦疴于六府

　　　寒暑匡侯，摄养乖方

[B] 力微动止，怯二鼠之侵藤

　　　气惙晨宵，惧四蛇之毁箧

这里请注意诊断的模糊性：几乎所有的疾病都符合上面的描述。比起身体的症状，它更关注情绪。患文强调病人的焦虑和不安，所描述的情况被今天的精神病学家称为"心境障碍"（mood disorders）。这部分借助了人们熟悉的典故，其中有一个将病人的病痛比作悬于井中即将被二鼠咬断的藤条上的人。

第四部分有时被称作"道场"，提及施主和执事僧侣的行为。有时对行为的表达非常具体，包括焚香、装饰佛像、供养钱财和衣物。但这份患文则说得比较抽象。

在佛教仪式的逻辑中，供养构成了一种"业"，所有的"业"都有果报。接下来的第五部分，也是患文中最关键的部分，就是处理这些果报的。我们需要铭记，在佛教仪式中，行为的果报并不一定只局限于"始作俑者"。他/她可以将这些果报回向于他人，这也正是患文的这一部分希望达成的。在我的分析中，这部分是整个仪式的核心和中枢。如果没有这些词句，完不成回向，那这些善果将无人消受。与此类似，最短最简洁的愿文，就只包含这一个部分。愿文接着说：

[V.1 庄严]
以此功德念诵福因，先用庄严患者即体。

这里的"庄严"一词很值得注意。印度学研究者很了解这个词的梵文形式，特别是其在审美和诗歌创作中的基本概念，*alaṃ-kāra*（相关的词还有 *vyūha*、*bhūṣaṇa* 及 *ābharaṇa*）。语文学家让·龚达（Jan Gonda）和唯美主义者阿南达·库马拉斯瓦米（Ānanda Coomaraswamy）在一九三九年对这个观念的看法也同样适用于其对应的中文词的意义。针对几个世纪以来将"庄严"仅仅作为"毫无节制"的解释，库马拉斯瓦米坚持认为"庄严"应被当作神明和艺术品的一种根本的美德。他表示："通常而言，如今表示仅为了审美原因对人或物的装饰的术语，起初只在完成的意义上表示适当的装备，如果缺少了它们，无论人还是物都会被认为是无效用的……就好像如果神明没有属性(ābharaṇa),他们就被当作无用的。[1]"回到我们的患文,那么,庄严病患的行为不只是对外表或生理症状的改变,同时也包含对性格的改变和升华。有些仪式说得更直白,将"庄严"一词置换为表示转移或回向的词。

为了医疗仪式的继续,患文的下一部分解释了功德应该如何帮助病人。在这里,"愿"这个词有发愿或祈祷(prayer)、祝愿(wish)或起誓(vow)的意思。这三个英文单词表达了中文中"愿"的不同含义。患文中发愿的部分这样写道:

[VI.1 愿文]

[A] 唯愿

四百四病,借此云消

五盖十缠,因兹断灭

[B] 药王药上,授与神方

观音妙音,施其妙药

[C] 身病心病,即日消除

卧安觉安,起居轻利

[D] 所有怨家债主,负财负命者

---

[1] Coomaraswamy(1977,251—252页)。

领功德分,末为仇对

放舍患儿,却复如故

我们先来看看这篇患文如何描述治疗的进行。我们已经知道治疗是一个过程,不是孤立的事件。它倚赖神明的干涉,需要患者从债主和怨家的指责中解脱出来。

在关照了病人的健康后,患文需要完成著名的三愿。先是又用"庄严",这次的庄严指向仪式的施主,而第二次发愿则详述应该如何消受这些福报。然后患文为逝去的父母及众生第三次发愿,但没有再用正式的庄严:

[V.2 庄严]

又持胜善,次用庄严施主即体。

[VI.2 愿文]

唯愿

千殃顿绝,万福来臻

大小清宜,永无灾厄

[VI.3 愿文]

然后

先亡父母，目睹龙华

胎卵四生，齐成佛果

接下来我将分析第二次和第三次发愿中福报和受益人之间扩大的回转。愿文以一段祝祷结尾。在这篇愿文中，是四字的梵文音译：

[VII 号尾]
摩诃般若云云。

总结对这篇愿文的结构分析，我认为疗以善业的基本观念巩固了仪式的每一个步骤，其中的言行确保了"业"的产生并分配给广泛的受益人。

三 疗以忏悔

还有一些愿文在我们前面讨论过的程序的基础上采取了另一种仪式结构。这种模式仍然基于"业"的逻辑，但在过程中加入了忏悔的环节。它包含了全部我们前面已经读过的愿文的基本结构，只是加入了新的元素。在参与的角色方面，这一新的仪式结构中包含一位忏悔者、一群观众或倾听者（通常是一众僧侣）和见证忏仪的庄重角色

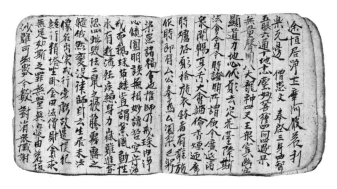

图4 患文,斯5561—3,小型册子本

(通常是神明)。

治疗仪式的开头就会祈请见证忏悔的神明。在附录二(见101页),我提供了另一份给僧侣使用的册子本,斯5561—3(图4)中所包含的患文中的相关段落。第一段采取了祈请的形式,即正式邀请上界神明降临仪式现场。这些神明不仅包括菩萨(有的文本中是佛),还包括龙、四大天王及其他神明。

第一段如是写道:

[Ⅰ 启请]
[A] 奉启
　　三身四智,五眼六通

　　　　十地十心，尘沙菩萨
　　　　四向四果，无量声闻
　　　　八大龙神，四天王众
　　　　冥幽空显，道力地心
　[B]　伏愿
　　　　去定花台，降斯法会
　　　　今日今时，证明所谓

忏仪的第二部分遵循了我们前面所见的模式，正式宣告了仪式的目的，提及了作为观众的僧伽。在最后，它在设问中提到了仪式的执事者和受益人：

　[II　斋意]
　[A]　厥今
　　　　广延清众，开畅真乘
　　　　大会缁伦，香烟匝席
　[B]　持炉启愿，舍施衣钵者有谁施作？
　　　　时即有厶公奉为厶阇梨己躬染患诸福会也。

第三部分关于病人，与我们前面所读愿文的该部分类似。

所有治疗仪式的第四部分都直接涉及主要施主或仪式执事者的行为。当治疗仪式中的忏悔开始，忏悔者所说的话被置于这里。我们这个例子是为了一个和尚施行的，所以这里所列举的过失都是违背戒律的行为。这一部分以对罪过的一般介绍和承认开篇，再细数过失：

[IV 忏悔]
[A] 律师自云
　　生居末法，像名出家
　　戒行常亏，故违误犯
[B] 经行精塔，坐卧金田
　　佛法僧财，贪求无足
[C] 如斯之罪，无量无边
　　犹若恒沙，难可知数
[D] 今对清众，忏谢宿怨
　　所有负财，领受功德
[E] 解怨舍结，发欢喜心
　　放舍患儿，还复如旧

注意发愿以提及忏悔者的施舍结尾，还包括请求冤家解除他们所引起的疾病。

患文剩下的部分对忏悔的运用（庄严、发愿及祝祷）遵循了我们前面已经读过的模式。

正如我们从郭丽英、汪娟和圣凯的著作中所知，忏悔在中国佛教中占据了重要地位。可能来源于布萨及僧尼默诵波罗提木叉的仪式化的对过失的忏悔，被应用于很多场合。敦煌的患文中，有分别为僧、尼、俗人及俗官准备的忏文。我觉得这里合适的表达有点像"罪过因人而异"。在敦煌写本中，对女尼的过失的记载是最为冗长和详细的。这也许反映了执行治疗-忏悔仪式的僧侣的兴趣所在。对女尼来说，罪过包括：接受施舍的装饰华丽而非朴素的衣物、冒犯师长、轻侮同辈或指出她们的疏忽，因掌管寺院财产而搜刮无度，用轻罚置换该接受的重罚[1]。对官员来说，罪过则包括轻慢及奢侈的行为、肆意荼毒生灵、欺侮百姓、傲慢无礼、假公济私[2]。尽管根据人的社会阶层、性别、资历及佛教中的地位不同，所犯的具体过失也不同，但这些忏悔通常以对过失的承认而结束，声称所有的罪过都已经在僧伽面前完整供述，无所隐瞒并希望佛陀能够对忏悔做出赞许响应。而且由于患文完全依靠"业"的意识形态及

1　斯5561—4。
2　伯3232；伯2850—2。

公开进行的忏悔,因此它们也强调虔诚的重要性和执事者的纯洁意愿。

四 治疗的过程

那么这些患文如何描述治疗的进行呢?正如我们所看到的,它们诊断的方法是一致的。它们将病人的疾病描述成失衡问题:四大无顺、寒暑乖违、莫能起居。显然,只有在医学手段失败后才进行治疗仪式;实际上大多数患文直接提及不成功的世俗医学手段,说:"虽服人间药饵,世上医王,种种疗治,未蒙痊损。"[1] 这些患文在将病因归于病人的今生或前世的"业"这一点上也是一致的。

回到最基本的问题上:一个人的医疗状况,如何能被善业所影响呢?首先,这些仪式中的做功德不是孤立事件,并非如现代的佛教徒所言,仅仅是个人的简单举动及其导致的单一结果。与之相反,神明和其他生灵也被积极地纳入其中。大部分患文以颂扬佛陀起首,表明整个仪式都在世界的终极医王的注目下进行。正如一篇患文所言,他"善拔众毒箭,故称大医王"。[2] 一些患文让大家注意到慈悲

---

1 伯2854—2c。
2 斯2832—4。

的佛陀的法力，神迹的奇效及如何使用法力和慈悲安抚病患。还有一些患文强调了佛陀凡人的一面和他所承受的烦恼，比如金枪刺足、三月马麦之报，都使得他看起来更像我们，只是他更为耐心，并比大多数凡人的烦恼要少些。

治疗仪式中也会包括其他神明。如我们所见，其中最重要的是成双出现的药王菩萨和药上菩萨，他们被提及的次数最多。但在大乘佛教的神谱中也有其他医疗专家，形成一个名副其实的医疗服务关系网，他们中的许多被当作主病者求告。在传统的"初级保健医生"，即药师佛之外，医疗团队还包括观音菩萨和妙音菩萨、十方菩萨，甚至龙和其他威严神明。他们被祈求赐药于病患。另一些患文则介绍了另一位专家，佛陀自己的医者：耆婆。这些发愿说道："耆婆妙药，灌主（注）身心；般若神汤，恒流四大。"[1]

疗病中不只包括神明，也包括来自今生或前世，也许尚不为患者所知的怨家。正如我们所见，患文中的发愿部分表明病患产生的功德中的一部分是给予其怨家和债主的。在领受功德之后，他们怨恨消解，并应该解除其施于病人的疾病。

---

[1] 斯343—18。

但患文如何设想治疗发生的过程呢？对耆婆的发愿表明，仪式中所说的语言会避开医疗术语及对特定症状的描述。相反，他们转向使用诸如灌顶、融、滋和宜人的气候之类的比喻。一篇患文说："醍醐灌顶，法雨闰（润）身；万福云臻，千灾雾卷。"[1]其他的发愿说疾病会被香风吹散，热病会被清凉消解，塞滞如明月般开通，污秽被日光荡涤。许多患文将健康看作一种潮湿、温润的疗法：为了重返健康，病人会被法雨滋润，会饮食甘露，会被施与妙药，还会接受灌顶。

通过在治疗过程中包含不同主体，患文不仅证明了治疗的复杂性，同时也表明患者之外的群体也得到了"宗教/医疗干预"的福报。仪式将施主布施的善果分割。善果的巡回通常由病人自己开始，最简单的患文只包含将功德回向给病人的简短献词。大部分患文，正如我们前面所见到的，继续将第二轮功德回向给施主及其家人眷属。除此之外，第三轮功德则被分配给逝去的祖先和众生。从这个意义上，患文与现代佛教中被一行禅师（Thich Nhat Hahn）称作"互即互入"（Inter-Being）的解释保持高度一致。尽管患文并没有说教对他人慈善的重要性，也没有打破区分

---

[1] 斯4081—7。

自我和他人间的壁垒,但它们一致地将其他人和众生都作为施主行为的受益者。

然而另一派的现代或现代主义的解读在解释这些佛教仪式时却并不特别有效。这就是针对发愿者在做功德中所获取的福报的内在论或心理学解读。这种解释中,仪式潜在的或真实的目的并不是治愈身体或成就特定的来生。相反,它是对施主一方目的的内在转化和清洁[1]。

我当然承认病人的转化、对个人责任的接受及诸如虔诚的内心状态都是敦煌患文的重要组成部分。然而,现代佛教所强调的是所有重要的事物都源自一个真实又孤立的自我,这一点与中古佛教修行的逻辑直接矛盾。首先,我们的文本并未将修行的福报与诸如觉悟及拯救等终极关怀对立起来[2]。它们并未强调永久和暂时的分途,而这是一些佛教部派解释的核心。患文中许多发愿都将健康和病愈与其他善运联系起来:强健的身体、沉稳的性格、延年益寿、不必遭受横死、上生净土、目睹佛陀、安定的来生、得登觉道。这些恩惠都是一体的。对个人的纯洁意愿及真实或智慧的成就来说,它们是必不可少的。

---

1 参读 Her(2009);郑志明(2003,81页)。
2 参读 Reader and Tanabe(1998,8—13页)。

患文很好地提示我们，治疗的过程只是一个过程。尽管病人可能立刻就被施与甘露，这过程的最后一步则可能需要几世人生。实际上，许多患文与为葬礼和祭祀所写的发愿文是一致的。它们描绘出一条始于现在的道路，延伸至受益者的来生，以在佛陀前转生而模糊地结束。如同生死一样，治疗是需要几世时间的轮回的一部分。佛教宇宙观和对转生的传统观念是这些患文的核心。

总之，敦煌患文写本中所反映的治疗过程充满了因果报应的观念、做功德和回向以及佛教布施的观念。正如我们所看到的，在交换的循环中有大量的参与者，包括施主和病患、前生来世的怨家、佛陀、菩萨和其他负责治疗的神明、其他家庭成员、众生。这个系统是有意义的。至少，我将其作为同情之了解的一条准则，即我们应该首先试图理解患文文献是如何发挥作用的。我对它们的表演性结构及语言进行分析的目的就在此。患文绝不会对礼物的可能性及交换的困难性表示怀疑，也不会担忧只有过度的礼物或极度慷慨才能满足布施的本质。患文的第二部分在申明仪式的目的时已经非常直白："所申意者"是为了代表病患设立"福会"。福会庞大且复杂，包含了不同秩序下的生灵，但它仍一致地建立在"业"和"功德"观念的基础之上。

五 理想社会

这里我想谈到更广大的问题。这次我们所探讨的治疗仪式其实并不独特。那么通过思考斋文写本与范围更广的慈善、布施、施舍及做功德等贯穿于前近代佛教世界中的问题，我们能得到什么呢？

什么是做功德？在中古中国的世界中，做功德并不局限于一种特定的、以之命名的仪式。相反，做功德并回向他人的模式是整合所有仪式的结构。这其中包括东亚最重要、最完备的仪式——安置尸体的葬礼及其后的纪念活动，它需要持续四十九天并延续至死者死后多年。但这一结构也在其他仪式的场合有体现：疗病（正如我们在本文所看到的）、确保顺产、为僧侣举行的斋宴、庆祝佛诞、鬼节、完成佛像或抄经、祈求丰收等。这些都是做功德的场合。

大多数斋文包括七个部分：一、对佛陀的赞语，采用崇高的诗化语言。二、宣布仪式的目的——将观众的注意力从崇高的佛陀转向手头的要紧事。三、颂扬仪式的受益者。四、再次转向，提及此时此地的施舍和供养。五、将功德回向给仪式的终极受益人，使用一个长句将施主、直接受益者、施舍行为所产生的功德及其终极受益者——通常是复数的受益者联系起来。六、发愿说明受益人将享用何种福报（病愈或转生并最终觉悟等）。七、祝祷，"说好话"来结束仪式。

我认为我们可以通过批判性思考其他佛教文化中的做功德来了解中国斋文中的一些重要方面。我已经讨论过中国佛教仪式和其他亚洲国家佛教仪式之间关系的问题，还有其他将做功德仪式分成七部分的仪式，比如成就法文献中分为七支的最上供养和菩萨道。另一方面，我们也能读到简略版的做功德愿文，比如这条公元一世纪的发愿："这是为了供养给我的父母所作。"[1] 另一条来自现代泰国的短信，被皮特·斯基林（Peter Skilling）翻译成"希望这能有助于得涅槃！"[2] 我们必须考虑回向的过程的反转、颠倒及复杂性，质疑谁回向给谁，或者是否真有什么产生或施与。

那么，在看过或长或短的其他语言中的功德回向后，从比较的视角看，我们该怎样理解中国的材料呢？我的第一个假说就是存在一个核心的序列，我想很多读者也已经看出来了：首先是赞颂佛陀，其次是完成施舍，最后是分享福报。这就是最简模式：赞颂、施舍、分享。但如果你想要更简单并只选择一个仪式不可或缺的部分，那就是回

---

[1] Schopen（1984，58—59页）：*matapitupuyae.*
[2] Skilling（2007，77页）：*nibbānapaccayohotu.*

向功德。我很幸运地在中古中国的材料中发现了一篇斋文，除了仪式的核心外省去了其他所有成分。它简单地写道："右智性染患"[1]（意思是说：这些供养的东西是为了治疗一位名字叫智性的尼姑的病患的）。这是九世纪一位尼姑的教中姐妹的回向，她们为了她的治疗施舍衣物来产生功德。与之相比，有些斋文更长，语言也更华丽。实际上，敦煌斋文中的一个创新就是它们通常将"庄严"这个词用来描述回向的行为。尽管梵文、中文和藏文中的其他短语使用方位和方向词来回向功德并将其导向接受者，敦煌斋文则倾向于比喻性地"打扮"受益者，将其比拟菩萨的崇高外表或佛国的庄严。所以我的第一个假说就是许多做功德的斋文的核心结构为赞颂、施舍和分享，但如果你只能从这些行为中选择一个公开大声表演，那么分享或回向或庄严就是关键的事情。分享的行为可以被装点、详述，也可以就剩下几个词，但是必须存在。

第二个假说：正如佛教永远不能脱离其社会背景一样，佛教做功德仪式也卷入了道德观念、理想社会及佛教的乌托邦或极乐［用斯蒂芬·柯林斯（Steven Collins）的

---

1 伯2583—5。

话来说]。首先,想想甚至在一个简单的纪念仪式中所包含的不同参与者和社会角色:在仪式开始时被祈求的佛陀、以健在家庭成员的形式出现的施主、以僧伽面目出现的功德的直接接受者、功德的终极接受者,即在冥界中的逝者。这个群体包罗万象,跨越不同世界,汇聚不同宇宙的各个层面,联结不同时代。所以,想象的佛教社群也包含数世。典型的敦煌斋文的来生历程被几个节点所分割:第一是没有痛苦的幸福生活;第二是在佛陀前转生,获得无与伦比的机缘能够亲耳听佛陀讲法,并面对面礼敬他;第三是作为结果的最终解脱。终极目标需要长时间来实现,而大众则不只是仪式中的参与者。大多数斋文进行不止一次庄严,而是三次:第一次为逝者,第二次回向给施主全家,第三次则扩展到众生。斋文不使用极端的词语提升大乘或贬低阿罗汉,这不是它们的兴趣所在。相反,它们为创造一个包含所有人的社群提供了脚本。那么了解如何表演施舍行为或诵读斋文,就成了参与进理想佛教社会的方法。进行做功德仪式就是仿效美德、提升品格、参与公共事业,并创造普善。

我的第三个假说:做功德斋文并不怀疑语言的虚空或

1　Collins(1998)。

后现代主义的过度性或疑惑性。大量的佛教文献质疑给予和接受的可能性,但做功德斋文并非如此。相反,这些斋文欢庆丰富的美德和回报;它们是乐观主义的;它们预见到永不停歇的功德流。它们与较阴暗面的佛教伦理学反思和哲学分析形成了鲜明对比。这些斋文让你热泪盈眶是因为爱子患病需要治疗,而斋文承诺会完成任务。这些仪式并不担心给予者和接受者间的不平衡,因为所有人最终都会上升到成佛的至善。这些仪式的参与者并不怀疑种下种子和开花结果之间的鸿沟。他们也并不对从今生到来生之间个人身份认同的延续性感到焦虑。那么如果给予太多,或者为错误的原因而给予呢?在这方面斋文似乎略微束缚了它们的热情。它们提到了虔诚,它们引导参与者在寻求赐福时要对更强大和觉悟的生灵保持恭敬。但在大部分段落中,斋文仍保持着极为乐观的见解。功德,被期望着,就像是永不停歇的涌泉。斋文将罪恶当作有限的,将美德和行善作为潜在的无限。(正如龙军在《弥兰陀王问经》中所言:行善愈多,善更见增加,因此需要与人分享愈多[1]。)那么总之,施舍并回向功德是为了参与进一个长远的理想社群,帮助那个世界,使每个人变得美好、幸福、值得称颂。

1　Rhys Davids(1890—1894,2:155—156页)。

附录一：患文[1]

文本

[**I 叹德**]

[**A**] 窃以[2]

觉体潜融，绝百非[3]于实相[4]

法身凝湛，圆万德于真仪

[**B**] 于是[5]

---

1 B, l: 患文。A, C: 患文第四。f: 僧患文。D, e, g, h, i, j, k: 无。
2 窃以, e, j: 恭闻。
3 非, l: 飞。
4 h: 宝相。
5 于是, h, i: 是则。

　　　　金色开¹容，掩大千²之日月

　　　　玉毫扬彩³，辉百亿之乾坤

[C.1]　然而

　　　　独拔烦笼⁴，尚⁵现双林⁶之疾⁷

　　　　孤超尘累⁸，犹辞丈室之疴⁹

[C.2]¹⁰　况乃¹¹

　　　　蠢蠢四生¹²，集火风¹³而为命¹⁴

　　　　茫茫¹⁵六趣，积¹⁶地水以成躯

1　e，j：间。
2　大千，k：大相。
3　D，e，f，g，h，j，k，l：彩，从W，Y，Z，A，B，C，i：采。
4　B：烦笼。A，C，i：烦罗。D，e，f，g，j，k，l：繁罗。h：繁笼。参考善导：《安乐行道转经愿生净土法事赞》，《大正藏》第47册，第430页c，第433页c。
5　e，j：犹……尚。l：上。
6　l："林"阙。
7　疾，e，j：灭，W从。
8　e，j：象累。
9　f："之"阙。
10　D，e，f，g，h，i，j，k：加I.C.2。
11　e，j："乃"阙。
12　l：死生。
13　e,，j：大风。
14　D："命茫"阙。
15　g：茫茫，从W。e，j，k，l：忙忙。f，h，i：忙忙。
16　l：即。

[D] 浮幻影于乾城[1]

　　　保危形[2]于朽宅

[E.1] 巨能　　　或　　　[E.2][3]

　　　刈夷患本　　　　假八万劫

　　　剪拔幽根[4]　　　讵免沉沦

[F.1] 盛衰之理未亡　　或　　[F.2] 时但一刹那

　　　安危之端[5]斯在　　　　　终归磨灭者

[II 斋意][6]

厥今有坐前[7]施主念诵所申意者

奉为某人染患[8]之所施也

[III 患者]

[A] 唯患者乃遂为[9]

1　D, e, h, i, j: 乾城，是"乾闼婆城"的简称，从W, X, Y。A, B, C: 虔诚。f: 干成，g: 干诚。
2　f: 报危刑。g: 色形。
3　e, j无I.E.1和I.F.1，从I.E.2和I.F.2。
4　幽根，D: 疫根。W, X, Y: 忧根。
5　端，D, h, l: 迹。i: 安迹斯在。
6　D: 无II。
7　A: 前座，旁有倒文符。
8　B, C: 病患。
9　C: 为后衍"乃"。D: 仅有"倾以"二字。

[B] 染流疾于五情,抱烦疴于六府

　　　寒暑匡侯[1],摄养乖方

[C] 力微动止,怯二鼠之侵藤[2]

　　　气惙晨宵[3],惧四蛇之毁箧[4]

[IV 道场]

[A] 于是

　　　翘诚[5]善逝[6],沥款[7]能仁[8]

　　　沴气[9]云清[10],温风雾卷[11]

[B] 伏闻

　　　三宝　是[12],出世间之法王[13]

---

1 B, C, D, 从W, X, Y。A: 注后。
2 D, 从W, X, Y。A, B, C: 腾。
3 从W, X, Y。A, B, C, D: 晨霄。
4 D: 箧, 从W, X。A, B, C: 惬。
5 D: 翘诚, 从W, X, Y。A, B, C: 翘成。
6 D, 从W, X, Y。A, B, C: 誓。
7 D: 沥款, 从W, X。A, B, C: 历款。
8 D: 此处插入22字,以"故得"起首。
9 从W, X, Y, 改"诊气"为"沴气"。
10 从W, X, Y, 改"云青"为"云清"。
11 D: 雾卷, 从W, X, Y。A, B, C: 务卷。
12 所有写本此处均只有三字,并在"三宝"后空一格。
13 B改"之"为"诸":出世间诸法王。此处从W。A, C: 出世法王。

诸佛如来,为四生之父母[1]

[C] 所以

厄中[2]告佛,危及[3]三尊

仰拓胜因,咸望少福

[V.1 庄严]

以此功德念诵福因,先用庄严患者即体

[VI.1 愿文]

[A] 唯愿

四百四病,借此云消

五盖十缠,因兹断灭

[B] 药王药上,授与[4]神方

观音妙音,施其妙药

[C] 身病心病,即日消除

卧安觉安[5],起居轻利

---

1 B:慈父。
2 A:"中"阙。
3 B:乃。
4 改"受与"为"授与",从X。
5 B,C:觉安,从W,X,Y。A:药安。

[D] 所有怨家债主,负财负命者

　　领功德分,末为仇对

　　放舍患儿,却复如故

[V.2　庄严]

又持胜善,次用庄严施主即体

[VI.2　愿文]

　　唯愿

　　千殃顿绝,万福来臻

　　大小清宜,永无灾厄

[VI.3　愿文]

　　然后

　　先亡父母,目睹龙华[1]

　　胎卵四生,齐成佛果

[VII　号尾]

摩诃般若[2]云云

1　改"龙莲"为"龙华"。
2　A:"般若"阙。

底本及校本

卷号	部分	物质形态	时代	断代依据
A：斯1441v, 3d	I-VII	长卷背	851后	官司名号
B：斯5548, 2	I-VII	册子本	801-1000	物质形态
C：伯3825, 4	I-VI.1	册子本	801-1000	物质形态
D：伯4963, 2	I, III, IV	短卷子	801-1000	纸质
e：斯343v, 14b	I	中卷背	786前	书法
f：斯5453, 1	I	册子本	800-1000	物质形态
g：斯5616, 2	I	长册子本	800-1000	物质形态
h：伯2631, 8	I	中卷	848-860	年号
i：伯3806v, 3c	I	中卷背	86-848	官司名号
j：斯2832, 15	I	长卷	650？759？	官司名号
k：北9156, 2	I	册子本	800-1000	物质形态
l：TH 745[1]	I	单张纸背	？	

---

1 《敦煌秘籍》中的敦煌文献，卷号参武田科学振兴财团（2009—2011）。

现代校注

W：黄、吴1995，52—53页　　　　A，B

W：黄、吴1995，26—27页　　　　e

W：黄、吴1995，76页　　　　　　j

X：郝2001，第6册，376—377页　　A

X：郝2001，第2册，157页　　　　e

Y：王三庆2009b，195—196页　　　A，B

Z：王书庆1995，42页　　　　　　C

附录二：僧患文

文本

[I 启请]

[A] 奉启

三身四智，五眼六通

十地十心，尘沙[1]菩萨

四向四果，无量声闻

八大龙神，四天王众

冥幽空显，道力地心

[B] 伏愿

去定花台，降斯法会

---

1 尘沙，从 W。A：尘妙。

今日今时，证明所谓

[II 斋意]

[A] 厥今

广延清众，开畅真乘

大会缁伦，香烟匝席

[B] 持炉[1]启愿，舍施衣钵者，有谁施作？

时即有厶公奉为厶阇梨己躬染患诸（之）福会也

[III 患者]

[A] 唯师乃

戒珠内净，心镜圆明

谈无相妙诸苦空，守净戒而鹅珠草系[2]

[B] 岂谓

业风动性，水有逝流

往疾缠身，力微难进

[C] 每恐

四蛇之[3]毁箧[4]，二鼠之侵藤

---

1 持炉，从W。A：时炉。
2 草系，A：草继。
3 从W，补"之"。
4 箧，从W。A：惬。

雾露之躯,俄然变没

[IV 忏悔]

[A] 律师自云

生居末法,像名出家

戒行常亏,故违误犯

[B] 经行精塔,坐卧金田

佛[1]法僧财,贪求无足

[C] 如斯之罪,无量无边

犹[2]若恒沙,难可知数

[D] 今对清众,忏谢宿愆

所有负财,领受功德

[E] 解怨舍结,发欢喜心

放舍患儿,还复如旧

[V 庄严]

唯愿以兹[3]舍施功德——念诵胜因尽用庄严患者即体

---

1 佛,从W。A:"佛"阙。
2 犹,从W。A:由。
3 兹,从W。A:慈。

[Ⅵ.1　愿文]

[A]　唯愿

　　智火而烧业种,法雨而润道芽

　　苦雾卷而心镜开,垢累荡而身田净

[B]　慈悲法父,放月爱[1]之灵光

　　自在观音,施醍醐[2]之妙药

[C]　示现[3]之疾,蘙若冰消

　　真宝福田,俄然住[4]矣

[Ⅵ.2　愿文]

　　然后

　　散沾法界,普及有情

　　赖此胜因,齐登觉道

[Ⅶ　号尾]

　　摩诃般若

1　月爱,参 S 5453, 1; BD 8099,。A: 爱月。
2　醍醐,从 W。A: 醍。
3　示现,参 S 5453, 1。A: 视现。
4　住,W 录为"往"。

底本及校本

| 卷号 | 部分 | 物质形态 | 时代 | 断代依据 |

A：斯5561，3　I-VII　册子本　　801-1000　物质形态

现代校注

W：黄、吴1995，692—693页　　A

第四讲 | 语言、文体和表演

一 导 论

在诞生已经一个多世纪的敦煌学中,中国佛教斋文是一个较新的课题,直到最近二十年才受到学术界的持续关注。专研敦煌佛教的前辈学者此前多关注于艺术、藏内佛经、早期禅宗文献、吐蕃文献及制度和僧尼的社会生活。然而,自一九九五年,里程碑似的由黄征和吴伟编纂的《敦煌愿文集》出版以来,来自不同学科的研究者已经大大推进了对这些仪礼文献的研究。文学、哲学、社会史和佛教研究领域的学者都做出了重要贡献。

这一讲中,我将从上一讲已经讨论过的治疗逻辑和仪礼结构转向考察中国佛教仪礼文献的语言和文体。研究方法是综合运用文学分析和仪礼研究(或表演性分析)。我首先关注仪礼表演及其伴随文本在不同阶段中所使用的不同文式(literary style)。其次,我再考虑斋文中对措辞的选择。为了更深入地对其文式、文体和词汇进行分析,我只讨论一种特定类型的斋文:患文。

促使我思考这个问题的动因之一是几位学者最近的研究:敦煌斋文的文体因其对骈文的运用引人注目。这是一个有深远意义的重要观点。我接下来会证明,这个看法有助于我们理解佛教仪礼书写的语言特征,以及撰写、传抄、大声诵读这些现存写本的佛教僧侣的社会地位。但骈文不是这些文献采用的唯一语言形式。也就是说,敦煌的佛教斋文综合利用了骈文和其他文式。这也是我这次演讲中希望探讨的问题:解释还有其他哪些文式并探讨斋文为何、如何综合不同文式。我的问题是:斋文的哪些部分使用骈文?哪些部分使用其他文式?这些其他的文式是什么?它们有什么意义?为什么有些部分用骈文而有些部分不用?通过语域(linguistic register)的改变,斋文希望达成什么目的?

在简要回顾该领域的研究现状以后,我将分析一件标准的斋文中使用的不同文式,并为上面这些问题提供一些解答。之后,我将探讨中古中国佛教斋文的其他语言特色,包括措辞和对隐喻的运用。

二 该领域研究现状

总体上敦煌文献的研究进步显著。大体上我们可以将二十世纪的敦煌学总结为从较为狭窄的对俗文学的文献学研究到各种体裁的文学研究。最初,前辈学者强调敦煌文献,尤其是其中的变文对俗文学史的重要性。正如许多学者注意到的,甚至几十年来"敦煌文学"这个术语都大多被局限于俗文学研究,即融合了诗歌和白话散文的说唱文学[1]。此后，在二十世纪五十至七十年代，由于白话被认为是大众社会生活的珍贵反映，马克思主义文学理论的主导加剧了上述趋势。在这一时期，学术研究的亮点是对文献的校注及对俗文学不同体裁的历史学研究。此后有一九八三年敦煌吐鲁番学会的建立和敦煌研究的复兴，整体上使得二十世纪八九十年代敦煌文学的范围大大拓宽。

颜廷亮主编的《敦煌文学概论》，出版于一九九三年，权威性概述了这个新生的领域是如何被定义的。书中的三个主要部分将敦煌文学分为三类。一、敦煌说唱文学和小说，包括三个子目：（1）敦煌讲经文和因缘；（2）敦煌变文；（3）敦煌诗话、词文和故事赋。二、敦煌诗赋辞文，包括三类：（1）敦煌诗赋；（2）敦煌歌辞；（3）敦煌文。三、敦煌文学杂著，包括三个子目：（1）书仪文学作品；（2）童蒙文学作品；（3）寺庙文学作品。该书既是这个领域研究现状的反映，又是后来研究的权威基础，它大大扩充并梳理了敦煌文学数据。它包括所有的体裁，无论有些体裁在敦煌写本中多么微不足道，都将其按传统中国文论分类进行排列。然而，上述第三个类别有一些问题：一方面，这个类别用来容纳那些剩余的，也就是无法纳入

---

[1] 颜廷亮（1993，1—25页）；周绍良（1993）；朱凤玉（2011）。

散文和诗歌之间的主要类别的作品,所以其本身并无理论基础;另一方面,它也是一个彻底的分类框架的一部分,它授予在敦煌写成或抄成的每一篇文献以正当性和学术价值[1]。

敦煌斋文在颜廷亮所编的《敦煌文学概论》中占据了一席之地,但却只是最后附加的,并被认为不值得进行细致的文学分析。在讨论包括患文和回向文的"诸杂佛事应用文"时,颜廷亮认为它们"数量既不多,从文学上看其价值一般说也不怎么高"[2]。

敦煌斋文的研究在二十世纪九十年代中期进入了一个新阶段。它们第一次被作为一种独立的文学体裁并得到了严谨的文学分析。这都是由于一九九五年黄征和吴伟出版的《敦煌愿文集》。这本984页的著作,提供了271号写本的校录,对该体裁采取了较为宽泛的定义。他们认为"用于表达祈福禳灾及兼表颂赞的各种文章都是愿文"。[3]他们的标准无关语言或文体;相反,他们收入愿文的标准在于内容(愿文"白表愿望")及功能(必须用于宗教仪礼)。

---

[1] 关于敦煌的本土文学,参见邵文实(2007)。
[2] 颜廷亮(1993,567页)。
[3] 黄征、吴伟(1995,前言,1—2页)。

黄征和吴伟对愿文的文学价值做了概述[1]。他们注意到尽管这一体裁并未在中古时期的文学总集(《文选》《文苑英华》)或文论作品(《文心雕龙》)中被以此命名,但其仍然存在"文学价值"。他们也注意到愿文中存在不同的语言形式,包括韵文、散文及长短不一的骈文。直到今天,黄征和吴伟的著作依然是该领域学者必不可少的资料。他们的精心编校基于其对中国文学的广泛、深入了解,他们为更加细致的文体和语言分析奠定了基础。

郝春文的两篇关键论文对该领域的研究有重大推进[2]。首先,郝氏更为准确地进行了分类。根据他的看法,宽泛的体裁应该被称作斋文。斋文这一类别下包括许多子目,正如现存写本中的篇名,包括亡文、临圹文、患文、佛堂文、社斋文等。其次,根据他调查英国、中国和俄罗斯藏敦煌写本的一手经验,郝氏坚持认为应区分以下三种写本:供进行仪礼的僧侣参考的文书、通常包括施主和受益人名字的为特定仪礼所写的文书、曾经在仪礼中使用后被编集起来的文书。最后,他分析了斋文所描述的仪礼各阶

---

[1] 黄征、吴伟(1995,前言,6—7页)。又见黄征(1999;2001a); Huang (2013)。

[2] 郝春文(1990;1996)。

段及其各部分的标题。因此,他为对文本语言和仪礼逻辑的细致解读提供了基础。大部分后续研究都基于或发展了郝氏的三个看法中的一个或几个[1]。

敦煌斋文研究的另一前景光明的趋势是对斋文在所谓"汉文化圈",即历史上使用汉字书写文献的国家或文化区(包括中国、越南、朝鲜半岛及日本)中的比较研究[2]。这一最近才兴起的研究取向,可能对敦煌斋文和其他中国佛教表演文体的研究有重要的意义。在中国以外,愿文在高雅文学典籍中,包括十一世纪中期日本的《本朝文粹》和李朝的《东文选》(1478),占有崇高的地位。在日本,尤其是平安时期(794—1192),应用各种体裁的佛教仪礼文的类别和数量激增。如菅原道真(845—903)这样著名的诗人也被要求为皇室成员和其他贵族撰写愿文。尽管相关的

---

[1] 白化文、李鼎霞(1990);陈晓红(2004);方广锠(1996);黄征(1998/2001b,注196;2001a);Huang(2013);李小荣(2010,565—585页);Magnin(1996);饶宗颐(1999);宋家钰(1999);太史文(2007a;2007b);Teiser(2012;2014b);汪娟(1998;2008);王三庆(2009a,27—34页;2009b;2009c);王晓平(2002,尤其是405-407页;2005,105—110页);张广达(1997);湛如(2003,319页)。

[2] Gotō(2013);Jamentz(forthcoming);Kim Moonkyong(2013);Komine(2009,281—406页;2013);工藤(2008);ロウ(2016);Lowe(2017,57—59页);王晓平(2002;2005);渡辺(1991,537—588页);山本(2006)。

域外愿文体裁来源非常广泛，研究也还停留在初步阶段，但这样的比较研究所提供的洞见已经为敦煌斋文语言的研究提供了重要线索。在该领域的一篇综述中，金文京用八个小标题总结了可能的贡献：一、中国和日本对体裁定义上的差异；二、佚名作品和署名作品；三、斋文特定部分的观点和叙述者；四、根据体裁、受益人、场合等分类的范本与为特定场合、执事者编纂的写本间的差异；五、表演语境；六、斋文文献中特定部分的常用语，比如"庄严"；七、斋文的文式及其与口头念诵的关系；八、斋文文献传播的路径和方法[1]。

一些早期对敦煌文学的研究中曾简要提及佛教仪礼文献的语言，但直到一九九四年邵文实对敦煌俗文学中骈文的运用的分析中，它才开始被严肃对待[2]。邵氏注意到敦煌文献中使用骈文的各种体裁，并对这种多被文人倡导，多用于诏敕和公文的文体为何会在敦煌文学这一更为通俗的世界中如此流行表示疑惑。更具体来说，邵氏认为在用于佛教仪礼的范本中骈文占据了主导地位。他认为尽管在其他文学形式

---

1 Kim Moonkyong（2013，vii—xiii 页）。
2 邵文实（1994）；又参考郑振铎（1938，142—145 页），该文分析了变文当中的对仗。

中，骈文导向形式主义和唯美主义，但在敦煌文献（包括佛教斋文）中，其应用不再唯美，而是为用[1]。更近的二〇〇三年，张承东也提出了与上文类似的问题：为什么骈文成为敦煌佛教斋文写本中占据主导地位的语言形式呢？[2]为了支持其分析，张氏强调了骈文的五个主要特点：裁对、句式、隶事、藻饰、调声，所有这些在佛教斋文中都很明显。他认为这些文学特征非常符合诸如葬礼和治疗仪礼中庄重、虔诚的心情。他还认为骈文形式易于执事者学习和观众理解。

三　代表性文本

为了使我的分析建立在原始文献基础上，我选择了一篇敦煌最流行的患文写本。这个文本已经在第三讲介绍过了[3]。这件患文的文本全部或部分存在于十二号不同的敦煌写本中。其中的四件相对完整，分别包含了全文的三、六、七部分（总共七部分）。这篇患文有多种写本形式，从单页纸，到或长或短的卷轴，到长短不一的册子本。这一文本在中古敦煌历史的三个主要时期均被传抄。在下面的文本

---

[1] 邵文实（1994，49—50页）。
[2] 张承东（2003，尤其是93、95、99页）。
[3] 关于其校勘、断代和结构布局，请参阅附录3.1。

中，我将其分部分列出。我遵循了西方汉学中用来表示对偶的惯例，并在文本的七个部分前用方括号添加了我拟的小标题。

四 文　式

早期的研究已经塑造了骈文在敦煌佛教斋文中的主导地位。我对这些讨论的介入在于指出尽管骈文占有主导地位，但斋文写本的某些部分则一致地避免骈文而代之以其他文式。本讲的这一部分将考察哪些部分使用了骈文，哪些部分没有，并分析这些不同的形式。

患文的第一部分写道：

[Ⅰ　叹德]
[A] 窃以
　　觉体潜融，绝百非于实相
　　法身凝湛，圆万德于真仪
[B] 于是
　　金色开容，掩大千之日月
　　玉毫扬彩，辉百亿之乾坤
[C] 然而
　　独拔烦笼，尚现双林之疾

　　　　孤超尘累，犹辞丈室之疴
[D]　浮幻影于乾城
　　　保危形于朽宅
[E]　巨能
　　　刈夷患本
　　　剪拔幽根
[F]　盛衰之理未亡
　　　安危之端斯在

患文的第一部分通过描述佛祖释迦牟尼的美德为整个仪礼提供了宏大的开篇：他超然纯洁，但又将自己置于受苦之世。第一部分的文式是骈文。众所周知，骈文中最基本的构件——对偶句，构造了不同形式的对偶。对偶可以在句子长度、声调、押韵、语法及词汇上相对。在这一部分中，所有这些特点都得到不同程度的展现。四字、六字、十字的对偶句常常跟在两字的介绍性短语后（窃以、于是、然而、巨能）。正如下表（表1）的粗略语法分析所见，语法和词汇的对偶也很清楚。

　　声调，也就是平仄间的持续变化，看起来相当明显。此外，骈文中使用高度简洁的语言和隐喻，在我们的例子中，它提到了佛教故事中的重要片段。使用典故的例子包

表1　第一对句的对偶

觉	体	潜	融	绝	百	非	于	实	相
法	身	凝	湛	圆	万	德	于	真	仪
名词¹	名词²	动词¹	动词²	动词³	形容词¹	名词³	介词	形容词²	名词⁴

括："双林之疾"，指佛陀涅槃的娑罗双树间；"丈室之疴"，暗指维摩诘以方便现身有疾。

第二部分写道：

> 厥今有坐前施主念诵所申意者，奉为某人染患之所施也。

仪礼的第二部分运用了非常不同的文式介绍了一个新的主题。第二部分改变了时、空和主题。从释迦牟尼和维摩诘所操纵的神话时间转向当前仪礼的施主和受益人。比起描绘一位崇高的救世主，这一段宣示了表演背后的目的。这一幕变化通过使用不同于骈文的语域得到强调。这一部分包括一个将观众注意力吸引到当前的发语词、一个较长的文言判断句、使用了关系代词的名词短语及许多双音词。其文式完全不包含对偶和典故。

第三部分写道：

　　[**III**　患者]
　　[A]　唯患者乃遂为
　　　　　染流疾于五情，抱烦疴于六府
　　　　　寒暑匪侯，摄养乖方
　　[B]　力微动止，怯二鼠之侵藤
　　　　　气惙晨宵，惧四蛇之毁箧

患文的第三部分在语言和焦点上又有了明显的转变。文式重新变为4+4和6+6长度的骈文。谈论的主题也发生了改变。从先前的对整个仪礼目的的散漫陈述，转向为之举行仪礼的人，描述了病人的身心症状。这些描述使用了标准的佛教神话中的隐喻（比如"二鼠"和"四蛇"），描述病人心绪不宁的状态。

患文第四部分说道：

　　[**IV**　道场]
　　[A]　于是
　　　　　翘诚善逝，沥款能仁
　　　　　渗气云清，温风雾卷

[B] 伏闻

　　三宝　是，出世间之法王

　　诸佛如来，为四生之父母

[C] 所以

　　厄中告佛，危及三尊

　　仰拓胜因，咸望少福

第四部分延续了描述的模式，并再次使用骈文。其主题是为了病人所举行仪礼中的特定行为。每一节由两字导语开始，除了"三宝"后的敬空外，主导的句式仍是4+4和4+6[1]。各节描绘了施主们的虔诚态度，以及他们布施的对象——三宝。

患文第五部分说道：

以此功德念诵福因先用庄严患者即体。

患文的这一部分是整个仪礼的核心：如果它没有被正确表演，那么整个仪礼就会失败[2]。这部分再次转换语域，从描述事物的状态转向完成一个行为。患文的这一部分总结先

---

[1] 其他的患文采用了语气更重的3+3句式。例如斯343，3：于是/清甲第，严尊容/焚宝香，陈清供。

[2] Teiser（2009）；又参荒见（2008）；Arami（2013）；黄征（1999）；Lowe（2017）。

前善业产生的福报并将其授予病人。其文式和前面各部分均有不同，是仪礼中唯一一个完全使用白话语法的句子。在各部分均被高度润色和精心选择的公开表演中，这部分因其朴实无华而引人关注。我们来思考一下白话如何发挥作用以及为何此处会运用白话。如表2所示，这个句子由一个助动词、一个名词短语、一个副词、一个主动词、一个包含动词"庄严"的名词短语和表示庄严的接受者的直接宾语构成。这个句子充分利用了一个副词（以），这个副词在口语中是尤为显著的语言特点。对主动词（用）的利用也强调这部分仪礼的实用功能：它明确宣称这些词句并非是描述一个人或神明，而是用来完成一个行为。因此，这里的文式和语法被用来表明各方如何被相互联系在一起以及功德如何分配。由于语言详述了谁将何种资源授予谁，本来非常复杂的操作变得更为清晰。

表2　第五部分的语法

以	此功德念诵福因	先	用	庄严患者即体
助动词	形容词+名词+动词+形容词+名词	副词	动词	动词+直接宾语+反身代词
助动词	名词短语	副词	动词	名词短语

此外，在整个仪礼过程中，患文的这一部分应用了最多的双音词来作为名词和动词，包括表示行为产生的结果

的词（功德、福因），表示仪礼中行为的词（念诵）、表示针对受益人的行为的词（庄严），表示受益人的词（患者）及反身代词（即体）。

第六部分写道：

[VI.1　愿文]
[A] 唯愿
　　　四百四病，借此云消
　　　五盖十缠，因兹断灭
[B] 药王药上，授与神方
　　　观音妙音，施其妙药
[C] 身病心病，即日消除
　　　卧安觉安，起居轻利
[D] 所有怨家债主，负财负命者
　　　领功德分，末为仇对
　　　放舍患儿，却复如故

患文第六部分准确解释了前面部分中所回向的功德应该如何帮助患者。这一部分祈愿病人痊愈并描述治疗的过程。如果病人有意无意间冒犯他人，而他们正在引发病人的疾病，愿文请求病人的怨家也能领受功德，不再折磨病

人。在这之后,愿文直接对仪礼的施主进行第二次功德回向和发愿,然后再为施主的祖先和众生进行第三次发愿:

[V.2 庄严]
又持胜善次用庄严施主即体

[VI.2 愿文]
唯愿
千殃顿绝,万福来臻
大小清宜,永无灾厄

[VI.3 愿文]
然后
先亡父母,目睹龙华
胎卵四生,齐成佛果

第六部分的文式是什么?发愿始于两字的导语,这里是"唯愿",在其他斋文中有时是"愿使"。发愿的内容以4+4形式的对句表达[1]。有些对句遵循了严格的对偶,有

---

1 参考善导《转经行道愿往生净土法事赞》卷上,《大正藏》第47卷,第1979号,426页上:唯愿/不舍慈悲,满众生愿/入此道场,证明功德。

些却没有。例如VI.1.B就非常严格：每一句的前四个字都叙述了复合主语（药王药上、观音妙音），后四字中都有一个谓语（主要的动词是"授"和"施"）。相比之下，下一节VI.1.C，则打破了对偶的基本结构，第一行的前四个字包括两组名词（名词-名词，名词-名词）组成的一个复合主语（身病心病），然而第二行的前四个字（卧安觉安）则使用名词-动词，名词-动词形式构成了两个主谓短语。

第七部分也是最后一部分写道：

> 摩诃般若云云

这部分作为号尾也可以叫祝祷（benediction，基于拉丁语词根 *bene*，"好"加 *dīcere*，"说话"），用来结束整个仪礼。仪礼的主要任务已经完成：通过对特定福报的发愿，功德已被创造并回向。现在剩下唯一的任务就是说说吉祥话。与其他部分的语域不同，这些词句代表着仪礼的完成。这篇斋文使用了一句咒语，汉字被用来表记梵语短语 *mahāprajñā* 的发音。在这个例子中，咒语的词句几乎没有语义学价值，它们被认为主要通过其声音来发挥功能，它们被用来授予力量或表达祝福[1]。跟在咒语后的是"云云"一词,也许暗示仪礼执事可以附加更多他心知肚明的话。这些话可以是频繁用于敦煌斋文的结语,比如:

> 摩诃般若,利乐无边
> 大众虔诚,一切普诵[2]

在"摩诃般若"后的三个短语为这个部分增添了另一种文式,因为它们具有语义学价值。第一个短语看起来表达了普遍的祝愿,而第二和第三个短语则描述了仪礼结尾进行的活动。

五 对文式的结论

上面我论证了敦煌最流行的患文在各部分运用了多种文式,而不只是骈文。然而,这种文学形式上的多变背后是否有目的?运用不同的语域会产生怎样的效果?前面所用的文学分析能够和对仪式的不同阶段与整体结构进行的

---

[1] 见 Copp(2008);Davidson(2009);黄征(2001a,203—211页);饶宗颐(1999)。
[2] 伯2854,2a。

表演性分析相联系吗？接下来我将首先分析使用骈文的部分，再分析不使用骈文的部分（参见表3）。

正如研究中国文学和历史的学者们所证明的，骈文是汉末至唐及以后文人墨客写作文学作品、公文和高等级仪礼文献的传统语言[1]。鉴于骈文在当时高等级礼仪中的主导地位，那么我们需要思考的一个重要问题：为什么僧侣在敦煌（其居民大多文学水平相对较低）进行这些仪礼时会选择利用如此虚美的书写方式作为其斋文的主要语言？对使用骈文的社会学或政治学的解释认为，撰写、演读斋文的作者、传抄者和表演者希望其显得庄重高贵；他们希望像执行神圣的礼仪的精英那样书写和发声。

确实如此，但此外我想思考骈文的语言学和表演性优势。也就是说，斋文各部分的文式如何与其在整个仪礼结构中的功能相匹配？通过叙事及实用功能，文式是如何帮助达成每部分的目标的？

骈文文雅华丽又规制严格；这是一种正式的、克制的语言，与白话和日常所写的古典散文都有较大差别。它非常适合描述，这也正是患文中相关部分的功能：第一部

---

[1] Berkowitz（2004）；Cutter（2004）；Shields（2007）；张广达（1997）；赵大莹（2008）。

分描绘了佛陀，第三部分描述了病人的疾病，第四部分说明了要进行的行为，第六部分叙述了病人如何被治愈。骈文的另一个优点是通过用典，使讲演者能够有效使用复杂的隐喻或故事来说明当前的情况。例如，只需要提及"丈室"，而不必讲述《维摩诘经》中的整个故事就能唤起与觉悟之人疾病相关的所有行为和价值。此外，两字的导语将骈文各部分分割开来，并提醒观众接下来的描绘性语言。

如果用骈文写成的部分的目的是用来描写，那使用其他语言形式的部分的功能是什么呢？简单来说，答案是这些部分的语言非常适合用来完成特定行为。这些部分在性质上更具表演性。在这个意义上，演读这些部分不只是叙述；相反，大声叙述这些话的最重要结果是为了达成某种行为。它们超越了单纯的描述和语言，宣示了更全面的目的、执行了仪礼，并将一切完结。

我们再来思考一下三个表演性部分如何使用了不同形式的语言来执行特定的行为。第二部分将观众的注意力从佛陀转向对仪礼执事和病人的介绍，清楚地宣告了斋意及其受益人。在宣告完斋意后，仪礼可以真正开始。正如上面提到的，这部分使用了一个较长的散句。

第五部分是仪礼中最为复杂的：它集合了仪礼中每个

人的行为。一种有力的物质或能量：功德，通过施主的施舍产生，而执事僧侣必须保证福报被回向给适当的受众。完成这项任务的单个长句必须解释清楚功德产生和如何使用之间的关系。为完成这一目的，助动词结构和白话语言都非常清晰有帮助。

第七部分祝祷并结束整个仪礼。它依靠词语的魔力——语音价值高但语意价值低的表达，为整个仪礼赋予强烈的有效性。这一部分的更长版本经常提及众生的觉悟，更加强化了全体和圆满的感觉。

尽管达成了不同结果，使用了三种不同的语域，但所有三个患文表演性部分拥有共同的性质。在对叙述语言的分析中，第二、五、七部分都反身提及其正在进行的仪礼[1]。比起用骈文写成的更长的部分，它们并不优美。因而它们帮助将观众的注意力从其他部分的崇高宣告和描绘中转移到正在进行的关键行为上。在表演性部分，执事僧侣踏出其描述病人的角色，并将所有人注意力吸引到仪礼中各种陈述的目的或效果上。表演性部分比其他部分都要短，用来强调、分隔整个过程。它们的作用在于提醒观众仪礼中的一些重要事项完成了。

---

1 参考Keane（1997，50页）。

表3 对文式的结论

[Ⅰ.叹德]	[Ⅴ.1.庄严]以A用B
[A] 2+2(4+6)	非骈俪文的功用：进行回向
[B] 2+2(4+6)	
[C] 2+2(4+6)	
[D] 2(6)	[Ⅵ.1.愿文]
[E] 2+2(4)	[A] 2+2(4+4)
[F] 2(6)	[B] 2(4+4)
骈俪文的功用：描述	[C] 2(4+4)
	[D] 11+2(4+4)
	骈俪文的功用：描绘
[Ⅱ.斋意] A者B也	
非骈俪文的功用：宣布目的	[Ⅴ.2.庄严]持A用B
	非骈俪文的功用进行回向
[Ⅲ.患者]	
[A] 6+2(6)	
[B] 2(4)	[Ⅵ.2.愿文] 2+2(4+4)
[C] 2(4+6)	骈俪文的功用：描绘
骈俪文的功用：描写	
	[Ⅵ.3.愿文] 2+2(4+4)
	骈俪文的功用：描绘
[Ⅳ.道场]	
[A] 2+2(4+4)	
[B] 2+2(4+6)	
[C] 2+2(4+4)	[Ⅶ.号尾] 咒语
骈俪文的功用：描写	非骈俪文的功用 闭会祈祷

六　措辞和隐喻

现在我想对文式进行进一步分析。至今在文学形式这个类别下，我已经分析了诸如散文和韵文、文体、对白话和文言的运用、对句长的限制、对偶、语言的语调和语域。现在我想关注文式的其他方面，即措辞和隐喻。我并非文学理论专家，我将在日常意义上使用这两个词。"措辞"指对文本中呈现的词汇的选择。分析词汇选择需要我们思考对作者来说，有哪些可能的选项——如果用其他表达方式，他将如何表达同样的东西？他没有选用哪些词汇？而我用的"隐喻"包括修辞和比喻、任何对文字比喻性组合，包括用来代表其他事物的基本隐喻和简明象征，及包括其他文本、事件和人物的典故[1]。

愿文的第一部分通过描述佛祖释迦牟尼的美德为整个仪礼提供了宏大的开篇。我认为赞颂佛陀的部分被置于仪礼开头很重要，我将其动因追溯至第二讲提到的分为七支的"最上供养"。其第一步就是赞颂或礼拜（*vandanā*）。以赞颂开头的基本理念很可能就是被印度模式所启发的。但赞颂部分所用的语言或语言形式呢？它们是从何而来？正

---

[1] 对平安时期愿文的类似分析，参见山本（2006，923—951页）。

如大家所知，就像大多数敦煌斋文一样，这个文本是由说汉语者在中国所创作的。其仪礼结构和一些语言可能受印度模式的影响，但文本本身并非梵文文献的译本。尽管梵语和其他印欧语言也能进行不同形式的对偶，但骈文很明显是中国的事物。无论如何，大家知道有任何外语文献被翻译为骈文吗？

所以现在让我们来关注一下患文第一部分对词汇的选择。它们从何而来？它们该被如何理解？还有哪些其他的词可供作者选择？在剩下的讨论中，我将使用一种粗略但希望有所启发的方法来区分主导汉译印度文献的佛教术语和可以被认为是非佛教的词汇——无论它们出现在佛教到来之前的中国文献中还是长期被佛教圈以外所使用。在佛教和非佛教两个主要类别下，我还区分了子目。此外，这两个极端之间的中间地带或灰色地带非常庞大、复杂，也许也最有趣。

那么先看第一部分的措辞（见93页附录一）。让我们先来考虑佛教表达及其下的子目：佛教基本观念。佛教基本观念在大量佛教文献中被频繁讨论，但并不需要精深的佛教知识才能理解。这些词汇包括"觉体"和"法身"、"百非"和"万德"、"实相"和"真仪"。"觉体"和"法身"也许是最明显的例子。它们在不同佛教文献中有很长的注疏的历史。但是为了了解这个术语的意思,你需要了解复杂的三身理论吗?我不这么认为。也就是说,只要对强调佛陀法力不同化身的重要性的佛教观念有肤浅了解,就足够理解这里的基本意思了。类似地,对"百非"来说,如果我们了解这个术语出现在大量的佛教文献中,包括三论宗的《涅槃经》,诸如《妙法莲华经》《华严经》《无量寿经》等大乘经典的注疏及禅宗语录,会很有帮助。一个经典的文献是伪经《佛说佛名经》,其中说:"第四观如来身。无为寂照离四句绝百非。众德具足湛然常住。"[1]所有这些例子中,这个词被理解为百种否定,被广泛用来形容无数形式的迷执,这也正是释迦牟尼所超越的。然而,如果你不知道这个专门的意思而只是依靠你对儒家理论的了解,你可能会认为这个词是关于人的过失,正如其在《孔子家语》中的用法:"夫子见人之一善而忘其百非。"我认为在这个例子中,你依旧能够理解患文的大意。敦煌患文的开头部分中充满了这样的词汇。

第二个相关的子目包含了主要从中国本土佛教文献、中国本土佛经(所谓的伪经)和佛经注疏中所来的概念。我认为"患本"和"幽根"都可被归入这个子目。它们只

---

[1] 《佛说佛名经》卷三,《大正藏》第14卷,第441号,198页中。

是偶尔出现在汉译佛经中，但其在注疏和本土作品中的频繁出现表明它们是中国撰述者在讨论基本佛教理念时自然而然使用的词语。即使以非专门的意义来理解，它们仍然是有力的隐喻。

第三个相关子目是来自著名的佛教文献中的佛教基本隐喻，例如愚文中的"朽宅"。我很惊讶地发现这个词没有出现在汉译《妙法莲华经》的第三品。尽管如此，如果你生活在中古中国，或者是一位当代学者，我敢打赌你听到这个词首先想到的就是"火宅"的比喻故事。实际上，道宣在他为《妙法莲华经》写的序言中使用了这个词[1]，在其他佛经文献中这个词也被普遍用来当作轮回的隐喻。

其他基本隐喻构成了第四个子目：佛教神话中的著名事件的典故。这个类别包括通过地名加隐喻的"双林之疾"提及释迦牟尼之病及其后涅槃于拘尸那揭罗的娑罗双树间，通过"丈室之疴"提及维摩诘现身有疾作为方便之法。无论我们从四川安岳的塑像中还是莫高窟的壁画中，乃至当时中国文学中维摩诘的流行程度判断，这些佛教历史中地点加事件的典故无疑在中古中国非常著名。

---

1 道宣《妙法莲华经弘传序》，见《妙法莲华经》卷一，《大正藏》第9卷，第262号，1页下：朽宅通入大文之轨，化城引昔缘之不坠。

我认为基本佛教专业术语构成了佛教术语的第五个子目。在患文中，这包括了佛陀身体的三十二相（身色金黄和眉间白毫），三千大千世界和用来形容无尽时间的超长时间单位"八万劫"。类似地，其他斋文还使用了诸如"四大"这样的著名佛教观念。

佛教语言的第六个子目包括音译词，即用汉字来近似表示梵语的原始发音。这类词有些非常普遍，可能已经成为中古时期中国白话的一部分，比如"刹那"。患文中的其他音译词则更为复杂；它们看起来为有文化的佛教徒圈子而非圈外之人所熟悉，这也就形成了更为封闭和专门的佛教音译词。音译-意译合成词"乾城"看起来就是这样[1]。

佛教术语的第七个，也是最后一个子目包括了更加专门和抽象的词语，包括佛陀生命中的地名和模糊的事迹。在我们所读过的这个敦煌最流行的患文写本中，没有这方面比较好的例子，但其他患文中（特别是为僧侣所作的）使用了这样比较专门化的词汇。使用专门化或僧侣才具有的知识的例子是释迦牟尼生命中两件事，第一件是他及比丘共食马麦三月而饱受身体不适之苦，第二件是被金枪刺

---

[1] 那连提耶舍译《大宝积经》(*Mahāratnakūṭa*)卷六四，《大正藏》第11卷，第310号，369页中：譬如乾城无有实，于十方求不可得。

足而疼痛难忍。这些报应在患文中为俗人而使用,仅以"马麦"和"金枪"简单提及[1]。

在对措辞的分析中,第二个类别是非佛教词语。斋文中选择的许多词既不来自对佛教哲学或神话的理解,也不来源于佛教文献。有些词显然和古代中国的宇宙观有关,比如患文中的"乾坤",指被佛陀之光所点亮的明暗、阴阳之间的万物。从这个意义上,患文首先描述了一个传统中国观念中的宇宙,再将佛陀置于其中,宣称他完全照亮了宇宙。

非佛教或前佛教词语的另一个子目和词类有关。比如患文中的叠词"蠢蠢"。早至《左传》中就被用来描述骚乱的样子,这个词为本土佛教文献采用,作为对聚集的标准描述。"蠢蠢"和"茫茫"都出现在《寒山诗》的一节中[2]。另一个词类和子目包括成对反义词组成的词。在我们的患文中,"盛衰"和"安危"都属于此类。最后,第四个子目:有一些词,因其前佛教或非佛教意义而被用作动词。这个类别下有单音节词"扬""潜""融"及双音节词"沉

---

[1] 斯5561—1:菩萨现疾,应品类之根机/马麦金枪,表众生之本业。
[2] 《左传·昭公二十四年》:今王室实蠢蠢焉,吾小国惧矣;又《寒山诗》:三界人蠢蠢,六道人茫茫。

沦""磨灭"。如果思考一下就会发现这个类别中动词明显占主导地位。你能想出多少完全属于佛教的人、地点和观念？我猜会有很多。但相比之下，除了"觉"和"悟"，恐怕没有几个能被当作佛教独有的动作。[1]

患文的第二部分的通过使用名词化虚词"者""所""之"的长句建构也很有意思。其他斋文中的基本句子结构也是这样。也就是说，语法构件实际上是一致的，但特定的名词或动词，往往是双音词，却可以被替换。例如，我们可以找到用"跪炉施舍""持炉启愿""转经念诵"来替代"念诵"。

根据仪礼进程展开中的内容和地点，这一部分概述了不同群体（施主和受众）间的复杂社会交往，并表达了表演的潜在含义。句中"意"字的不断出现表明了这一点。"意"被理解作"含义"时，表明了仪礼的意义。被理解作"意图"时，它就是一种期待，扎根于施主们的心理定式中，并指向未来结果的获得——治愈病人。

患文接下来继续使用我们在患文的第三部分所看到的措辞，描绘了病人身体和情绪上的不适。为了分析这里对词语的选择，我想首先问一个由苏珊·桑塔格（Susan

---

[1] 关于与觉和悟有关的白话，参阅敏春芳（2013，445—463页，463—473页）。

Sontag）提出的著名问题：我们常用什么样的修辞来概念化疾病[1]？我们在第三部分中找到了怎样的措辞和隐喻？让我们来看看用来描述病人的词语。他的症状是怎样的？他感觉如何？在这个例子中，治疗者的眼光并非临床医学似的冷酷。这也不是生物医疗疗法，而是精神疗法，所以文本考虑的是整个人，包括其精神状态。其症状对现代读者来说可能有点模糊，许多症状只能通过中医理论的基本分类来理解："力""气"紊乱，"摄养乖方""寒暑匡侯"。患文也使用了中国对器官的命名系统，比如"六腑"[2]。

另一方面，这一部分也使用了基本的佛教身体观概念。我说基本而不是高等或晦涩是因为这些词语并不专业，而且它们可以在日常知识中，而不只是佛教思想中被解读。以"流"为例，患文本可以使用更为学究化的"漏"（āsrava）来代替。类似地，如果你对佛教身体观有一些了解的话，你可能会猜想五情和佛教的前五识有关。

患文的这一部分还使用了佛教比喻来描述病人不安的状态。也就是说，它使用了流行的佛教故事中的被用来代

---

1 Sontag（1978）。
2 《黄庭内景经·心神》：六腑五藏神体精。梁丘子注：心肝肺肾脾为五藏，胆胃大肠小肠膀胱三焦为六腑。

表人类美德、罪恶和情绪的字眼。例如"二鼠",在关于人掉入井中的佛经故事中就是常用词。在这个故事中,被两头醉象(代表生和死或轮回)追赶的人逃入井中(无常),但他的灾祸不减反升。当他正抓着一根青藤时(象征命根),一黑一白两只老鼠(代表日月)却将藤条咬断。同时,他旁边还有四蛇(代表四大),下面则是三条凶猛的龙(代表三毒)吐火并张爪相对。忽然有一只蜜蜂将一滴蜜滴入其口中(激发五情),让他将恐惧抛诸脑后。说病人害怕二鼠咬断藤条就是在说人深深的存在性焦虑,当他命仅悬于一根即将被咬断的细弱青藤之时,他是有多么畏惧堕入深黑的井中。患文中四蛇这个象征也起着类似的作用[1]。

患文的第四部分的措辞是怎样的呢?这里的词汇在佛教文化中非常基础和广泛。它们包括对佛陀的不同美称,比如善逝(*sugata*)、能仁(*śākyamuni*)、如来(*tathāgata*)和法王(*dharma-rāja*)。这里也使用了其他佛教的基本元素:三宝、诸佛等。最后,这部分转向功德的词汇(因、福),完美地被置于仪礼的结合部。仪礼的第四部分包括对

---

[1] 关于二鼠,见法云《翻译名意集》卷五,《大正藏》第54卷,第2131号,1141页下。关于四蛇,参见求那跋陀罗《杂阿含经》卷四三,《大正藏》第2卷,第99号,313页中—314页上;Komine(2009,401—06页);Lamotte(1944—1980,702—707页)。

善业的表现、产生功德或福报的缘由，在仪礼的下一部分中，功德和福报又被反过来回向给病人。

在患文的第五部分措辞的问题很重要。特别是在句子中使用"庄严"这个词，表示"装饰""打扮"，其意义是什么？思考还有哪些词可以在中国佛教仪礼中为作者和表演者所用会很有帮助。大部分斋文传统中，与这部分相关的词是回向（pariṇāmana），表示将功德"导向"或"献给"受众[1]。其他敦煌文献还使用"奉资""资勋"。相反，敦煌的做功德斋文却一致地使用"庄严"[2]。这个词在汉语中有多种意思，可能起源于早至汉代的白话中。在佛教文献中，它同样有许多含义，被用来翻译多个梵语词[3]。总结"庄严"的语义学含义，它可以表示通过穿衣来打扮或装饰；引申义表示装饰物体的外表，装饰或修饰宗教场所的外表，把佛国的美景变为现实，创造序列、排列以及安排物品。

那么这里对使用这个词，而非其他词的偏好有什么意义呢？敦煌斋文使用"庄严"这个词来神化回向的行为及

---

[1] 据Nagao（1991，85页），pariṇāmayati应被理解为"回转并导向"。
[2] 其他的形式还包括：奉资，回向庄严，资严，资勋，资庄；见黄征（1999，213—220页）；Teiser（2009）；曾良（2001，197—198页）。
[3] 梵语原词包括：alaṃ-kāra；vyūha；bhūṣaṇa。见荻原（1997，1015页b—1016页a）。

功德的接受者，也就是患者。庄严的观念并不只代表表面的美丽，而是来源于认为内心美德和美丽外表之间没有断裂的美学观念[1]。敦煌斋文强调受益者的整体精神状况，包括其身体和心理状态都有好转。

患文第六部分的词汇反映了广泛的选择范围，从标准的佛教理念到前佛教术语，再到本土作品中的过渡语言环境里的佛教用语。明确的佛教语言则包括"四百四病"这样的数类、佛教神明的名字以及来自诸如"佛果"这样的主流佛教传统的隐喻。

接下来，处于措辞光谱中间的词，当然可能在汉译佛经和其他材料中出现，但看起来它们却被专门用于本土佛教写作中。在这个类别中，我将以关键的表演性词语"唯愿"为例。接下来则是一组套话，通常是四字的："卧安觉安""身病心病""起居轻利"。它们在汉语中很有意义，展现了标准的"名-动-名-动"及"名-名-动-动"语法结构。首先，由于它们使用了重文和对仗，我起初认为它们是前佛教语言的范例。但是在我检索以后，发现它们在早期汉译佛经文献中就已经出现了[2]。例如最后一个词"起居

---

[1] 参见 Dehejia（2009，24页）。
[2] 关于将"起居轻利"重构为梵语的 *laghûthānatā*，见荻原（1997，1117页）；中村（1975，238页b）。

轻利"在《大正藏》的五十五卷中出现了二百二十次,但在《四库全书》中只出现了八次,而且大部分都在宋代及以后。我把本土佛教用语的另一个类别称为"来生地理"。施主的父母将在净土中等待,并在作为未来佛的弥勒下生南瞻部洲时得到转世,他们将在龙华树下听其讲法。比起这样枯燥的教义术语或冗长的说教,我们的患文只是表达了对父母得见龙华的愿望。这里再次表明,植物的名字及其在佛教神话中的作用通过汉译文献已广为所知,但特别的是在患文中这一植物学或地理学特征被挑出来,用来表示在来生遇见弥勒佛的整个过程。

最后,这部分中也有非佛教形式的语言。一个特别重要的词就是以"儿"结尾。绝大部分敦煌患文在提到患者时都用"患儿"这个词。我认为这个用法是加上了一个口语修饰。另一个看起来不受佛教用语启发的措辞是"云消"的隐喻,用来比喻疾病康复。

七 对措辞和隐喻的结论

我讨论的问题意识就是关于患文中的措辞的。我问了如下几个问题:这些词汇来自何方?作者、表演者和观众如何理解它们?在选择一个词语的同时又舍弃了那些其他选项? 印度模式和汉译佛教文献是一极;前佛教或非佛教的用法是另一极；中国本土佛教话语则处于之间的大片余地中，为协商提供了广阔的空间。

如表4所示，在一个极端上，我注意到基本佛教概念，如三宝、百非、佛教神明、基本佛教身体观、基本佛教隐喻、佛教功德观念、佛教历史中著名事件的典故、佛教传统中的比喻和完整故事及更专业的术语，比如印度的地名和历史上佛陀本生中的不显著事件。

表4 语言和词汇

A. 佛教语言

佛教基本观念	三宝，诸佛，觉体，法身，百非，万德，实相，四生，五盖
佛教基本圣神	药王，观音
佛教身体观	流，烦，五情
佛教基本隐喻	朽宅，佛果，二鼠，四蛇
表达功德的词汇	因，福
佛教基本典故	双林之疾，丈室之疴
佛教基本术语	金色，玉毫，大千，八万劫，四大
佛陀美称	善逝
音译词	刹那，摩诃般若
专门佛教术语	马麦，金枪

B. 中间语言

本土佛教隐喻	云消
本土仪礼术语	庄严，唯愿

续表

本土佛教地名	龙华
本土佛教用语	起居轻利，卧安觉安，身病心病
基本/普遍隐喻	患本，幽根

C. 非佛教语言

宇宙观	乾坤
中国身体观	力，气，寒暑，摄养，六府
迭词	蠢蠢，茫茫
成对反义词	盛衰，安危，大小
动词	扬，潜，融，沉沦，磨灭
白话特征	以，总，念诵，患儿

在更有意思的中间地带、灰色区域，我注意到那些出现在传承的、翻译的藏经中，但在中国本土佛教书写的斋文中变得特别热门的词语和观念。尤其值得注意的是与治疗有关的隐喻，佛教斋文传统中的动词和功能性短语，来生地理中的具体景象及以欢喜、和谐、优美的中式散文捕捉到重要佛教信息的汉译佛经中的短语。

在另一个极端上——本土或非佛教词语和隐喻，在斋文中的例子也很多。许多词语来自基本的中国宇宙观和身体观。它们都是佛教进入前的中国文化的一部分，佛教作者们后来很乐意借用它们，也毫无芥蒂之心。其他本土的特征与汉语的语言学特质有关。斋文使用了汉语中拥有悠久历史的叠词、成对反义词以及大量单音节和多音节的动词。患文中的一些部分还利用了白话的特点，比如使用助动词的句子或能够自由替换双音词或增加白话表达的句子。

八　余　论

这些关于措辞的结论对相关领域——佛学、仪礼学和敦煌学有什么意义呢？这些复杂的问题无法在这么短的时间说清楚，但可以给出一些初步的看法。

正如我们所见，一件代表性患文中的措辞涵盖了一方面可以被当作外语的印度模式和表达，及另一方面本土或明显非佛教的表达方式。关于这点，可以加上我早先对敦煌斋文的文式的研究得出的结论之一，即这些文献将骈文和其他文式及来自白话中的词与语法结构结合起来[1]。总的来说，这些对中国本土的佛教斋文中的语言混合现象的结论与最近对汉译佛教文献语言的研究是相符的。特别是朱庆之提出我们应该在"佛教混合汉语"中区分出两种不同的混合：一种是将汉语和来自原始印度佛典中的语言因素相混合，另一种则包括文言与白话、俗语和其他不标准形

1　Teiser（2014b）。

式汉语的融合[1]。值得注意的是，这两种形式的语言混合不仅描述了朱氏研究的汉译佛教文献的特征，也同样适用于我们这里分析的本土斋文。

斋文措辞的另一个有趣特点是大量词汇都属于灰色地带，也就是在佛教和非佛教两极间的地带。斋文的作者和表演者似乎在强调或利用临界语言固有的模糊性。他们似乎特意使用不需要受专门佛教训练就能理解的佛教术语。从方法论上来说，这种语言现象似乎还支持了对直到最近还主导中国佛教研究的模式的明确批评，这种模式基于汉化范式或其对立面的印度化范式。斋文语言看起来创造性运用了佛教和非佛教因素。无疑，大多数这类仪礼的表演者和参与者只懂汉语，不懂任何印度语言，所以我们不可能遵循假定印度起源的旧模式。同样清楚的是，这些斋文的使用者喜爱在他们的母语中使用外语发音。在本国框架的限制下，他们有自己的想象和建构一个印度"他者"的方式。

最后，这一研究表明更广泛的中国佛教仪礼研究是应被独立对待的。这次演讲已经略述了一些发现，即对本土佛教斋文的分析可以为中国语言史和中国仪礼史做出贡献。

---

[1] 朱庆之（2001）；朱冠明（2013）。

这样的斋文也为从其他角度难以窥探的宗教修行的层面和中古社会的片段提供了启示——但即便这样，也还存在显著的局限性。大多数实际的仪礼施主和受益人并不是自己来撰写或诵读斋文。相反，文本由代表他们的僧侣所撰写，仪礼由代表他们的僧侣来表演。尽管如此，对敦煌斋文的进一步研究也将大大有助于我们对本土佛教书写的理解。在这种书写中，许多的影响——外来的和中国的、佛教的和非佛教的、文言的和白话的——完全交织在一起。

参考文献

缩略语

北　　　北京国家图书馆藏敦煌文献
伯　　　法国国家图书馆藏敦煌汉文文献
斯　　　大英图书馆藏敦煌文献
大正藏　《大正新修大藏经》，见高楠顺次郎等1934。
TH　　《敦煌秘籍：杏雨书屋藏》，见武田科学振兴财团杏雨书屋2009—2011。

汉语和日语文献

（为照顾中国读者习惯，日语文献作者以姓氏的拼音读法首字母为序）

巴宙1997：《南传弥兰王问经》，中国社会科学出版社。
白化文2005：《汉化佛教参访录》，中华书局。
白化文、李鼎霞1990：《〈诸文要集〉残卷校录》，《中国文化》第

2辑，20—26页。

曹仕邦1990：《中国佛教译经史论集》，台北：东初出版社。

常盘大定1941：《支那佛教の研究》第2卷，东京：春秋社。

陈明2003：《沙门黄散：唐代佛教医事与社会生活》，收入荣新江编《唐代宗教信仰与社会》，上海辞书出版社，252—295页。

陈晓红2004：《试论敦煌佛教愿文的类型》，《敦煌学辑刊》2004年第1期，92—102页。

赤沼智善1931：《印度佛教固有名词辞典》重印版，京都：法藏馆，1967年。

道端良秀1957：《唐代佛教史の研究》，京都：法藏馆。

——1967：《中国佛教と社会福祉事业》，京都：法藏馆。

荻原云来1979：《汉译对照梵和大辞典》修订版，东京：铃木学术财团。

渡边秀夫1991：《平安朝文学と汉文世界》，东京：勉诚社。

方广锠1996：《书评：黄征、吴伟〈敦煌愿文集〉》，《敦煌吐鲁番研究》第2卷，北京大学出版社，383—389页。

方广锠编2013：《中国国家图书馆藏敦煌遗书总目录：新旧编号对照卷》，中国人民大学出版社。

高濑承严译1936：《集诸经礼忏仪》，收入《国译一切经·和汉撰述部·诸宗部》第7卷，东京：大东出版社。

高楠顺次郎、渡边海旭、小野玄妙1934：《大正新修大藏经》，100卷，1924—1934年。重印版，台北：新文丰，1974年。

工藤美和子2008：《平安期の愿文と佛教的世界观》，京都：佛教大学、思文阁出版。

广川尧敏1984:《礼赞》,收入牧田、福井1984,425—470页。

郝春文1990:《敦煌写本斋文及其样式的分类与定名》,《北京师范学院学报(社会科学版)》1990年第3期,91—97页。

——1996:《关于敦煌写本斋文的几个问题》,《首都师范大学学报(社会科学版)》1996年第2期,64—71页。

郝春文主编2001—:《英藏敦煌社会历史文献释录》,科学出版社、社会科学文献出版社。

胡素馨[Sarah E. Fraser]编2003:《佛教物质文化:寺院财富与世俗供养国际学术研讨会论文集》,上海书画出版社。

荒见泰史2008:《敦煌本"庄严文"初探——唐代佛教仪式上的表白对敦煌变文的影响》,《文献》2008年第2期,42—52页。

黄征1998:《敦煌愿文杂考》,初出于1998年,后收入黄征2001b,179—197页。

——1999:《敦煌愿文庄严、资勋、资庄考辨》,初出于1999年,后收入黄征2001b,213—220页。

——2001a:《敦煌愿文杂考续》,初出于2000年,后收入黄征2001b,198—212页。

——2001b:《敦煌语言文字学研究》,甘肃教育出版社。

黄征、吴伟1995:《敦煌愿文集》,岳麓书社。

吉川忠夫、船山彻译2009—2010:《高僧传》,4卷,东京:岩波书店。

蒋绍愚、胡敕瑞主编2013:《汉译佛典语法研究论集》,商务印书馆。

迦色2008:《图解华严经:读懂"经中之王"》,陕西师范大学出版社。

李小荣2010:《汉译佛典文体及其影响研究》,上海古籍出版社。

林屋友次郎译1958:《出三藏记集》,收入《国译一切经·和汉撰述部·史传部》第1卷,东京:大东出版社。

刘淑芬2004:《唐宋世俗社会生活中的茶与汤药》,初出于《燕京学报》第19卷。后收入刘淑芬2008,331—397页。

——2005:《唐宋寺院中的丸药、乳药和酒药》,初出于《"中研院"历史语言研究所辑刊》第77本,第3分。后收入刘淑芬2008,398—435页。

——2008a:《中古的佛教与社会》,上海古籍出版社。

——2008b:《唐、宋时期僧人、国家和医疗的关系:从药方洞到惠民局》,收入李建民编《从医疗看中国史》,台北:联经,145—202页。

ロゥ・ブライアン[Bryan D. Lowe]2016:《佛教信仰面からみた五月一日经愿文の再考》,收入上代文献を读む会编《上代写经识语注释》,东京:勉诚出版,554—576页。

牧田谛亮1976:《疑经研究》,京都大学人文科学研究所。

牧田谛亮、福井文雅编1984:《讲座敦煌》7《敦煌と中国佛教》,东京:大东出版社。

敏春芳2013:《敦煌愿文词汇研究》,北京:民族出版社。

平川彰1997:《佛教汉梵大辞典》,东京:灵友会。

饶宗颐1999:《谈佛教的发愿文》,《敦煌吐鲁番研究》第4卷,北京大学出版社，477—487页。

山本真吾2006：《平安镰仓时代に於ける表白・愿文の文体の研究》，东京：汲古书院。

邵文实1994：《敦煌俗文学作品中的骈俪文风》，《敦煌学辑刊》1994年第2期，42—50页。

——2007：《敦煌边塞文学研究》，甘肃教育出版社。

圣凯2004：《中国佛教忏法研究》，宗教文化出版社。

宋家钰1999：《佛教斋文源流与敦煌本〈斋文〉书的复原》，《中国史研究》1999年第2期，70—83页。

汤用彤校注1992：《高僧传》，中华书局。

太史文［Stephen F. Teiser］1999：《幽灵的节日：中国中世纪的信仰与生活》，侯旭东译，杭州：浙江人民出版社。修订版，《中国中世纪的鬼节》，上海人民出版社，2016年。

——2007a：《为亡者愿：敦煌仪式文类定义初探》，收入 李丰楙、廖肇亨编《圣传与禅诗： 中国文学与宗教论集》，台北："中研院"中国文哲研究所，248—307页。

——2007b：《试论斋文的表演性》，《敦煌吐鲁番研究》第10卷，上海古籍出版社，295—308页。

——2016：《〈十王经〉与中国中世纪佛教冥界的形成》，张煜译，上海古籍出版社。

——2018：《疗以善业：中古佛教患文》，《中古中国研究》第2卷，中西书局，45—71页。

汪娟1998：《敦煌礼忏文研究》，台北：法鼓文化。

——2008:《唐宋古逸佛教忏仪研究》,台北:文津出版社。

王三庆2009a:《从敦煌斋愿文献看佛教与中国民俗的融合》,台北:新文丰。

——2009b:《敦煌佛教斋愿文本研究》,台北:新文丰。

——2009c:《敦煌应用文书——斋会文本之整理和研究》,《敦煌写本研究年报》第3号,1—10页。

王书庆1995:《敦煌佛学·佛事篇》,甘肃民族出版社。

王晓平2002:《东亚愿文考》,《敦煌研究》2002年第5期,95—100页。

——2005:《远传的衣钵——日本传衍的敦煌佛教文学》,宁夏人民出版社。

汪怡等1978:《国语辞典》第3版,4卷,台北:台湾商务印书馆。

望月信亨1954—1963:《佛教大辞典》。冢本善隆修订版,10卷,京都:世界圣典刊行协会。

武田科学振兴财团杏雨书屋编2009—2011:《敦煌秘籍:杏雨书屋藏》,9卷,大阪:武田科学振兴财团。

小峰和明2009:《中世法会文芸论》,东京:笠间书院。

小野玄妙1991:《佛书解说大辞典》,15卷,东京:大东出版社。

辛嶋静志1994:《长阿含经の原语の研究:音写语分析を中心として》,东京:平河出版社。

许理和[Erik Zürcher]1987:《最早的佛经译文中的东汉口语成分》,蒋绍愚译,《语言学论丛》第14辑,197—225页。

颜廷亮主编1993:《敦煌文学概论》,甘肃人民出版社。

曾良 2001：《敦煌文献字义通释》，厦门大学出版社。

湛如 2003：《敦煌佛教律仪制度研究》，中华书局。

张承东 2003：《试论敦煌写本斋文的骈文特色》，《敦煌学辑刊》2003 年第 1 期，92—102 页。

张广达 1997：《"叹佛"与"叹斋"——关于敦煌文书中的〈斋琬文〉的几个问题》，《庆祝邓广铭教授九十华诞论文集》，河北教育出版社，60—73 页。

赵大莹 2008：《敦煌祭文及其相关问题研究：以 P. 3214 和 P. 4043 两件文书为中心》，《敦煌吐鲁番研究》第 11 卷，上海古籍出版社，297—334 页。

郑振铎 1938［2013］：《中国俗文学史》，上海古籍出版社。

郑志明 2003：《敦煌写卷"患文"的宗教医疗观》，《普门学报》第 15 期，63—93 页。

冢本善隆 1975：《唐中期の浄土教》，京都：法藏馆。

中村元 1975：《佛教语大辞典》，3 卷，东京书籍。

周绍良 1993：《序言》，收入 颜廷亮编 1993，1—8 页。

朱凤玉 2011：《从文学本位论变文研究之发展与趋势》，《敦煌吐鲁番研究》第 12 卷，上海古籍出版社，323—334 页。

朱冠明 2013：《汉译佛典语法研究述要》，收入 蒋绍愚、胡敕瑞主编 2013，1—45 页。

朱庆之 1992：《佛典与中古汉语词汇研究》，台北：文津出版社。

——2001：《佛教混合汉语初论》，《语言学论丛》第 24 辑，1—33 页。

西文文献

Adamek, Wendi L. 2007. *The Mystique of Transmission: On an Early Chan History and Its Contexts*. New York: Columbia University Press.

——. 2012. "Transmitting Notions of Transmission." In *Readings of the Platform Sūtra*, edited by Morten Schlütter and Stephen F. Teiser, 109-33. New York: Columbia University Press.

Arami Hiroshi. 2013. "The Tun-huang *Su-chiang chuang-yen hui-hsiang wen* and Transformation Texts." In "Comparative Research on 'Written Prayers' (Yuan-wen/Ganmon) in China and Japan." Special issue, *Acta Asiatica* no. 105: 81-100.

Austin, J.L. 1962. *How to Do Things with Words*. Cambridge, MA: Harvard University Press.

Bareau, André. 1955. *Les sectes bouddhiques du petit véhicule*. Saïgon: École française d'Extrême-Orient.

Bell, Catherine. 1992. *Ritual Theory, Ritual Practice*. New York: Oxford University Press.

——. 1998. "Performance." In *Critical Terms for Religious Studies*, edited by Mark C. Taylor, 205-24. Chicago: University of Chicago Press.

Benn, James A. 2007. *Burning for the Buddha: Self-Immolation in Chinese Buddhism*. Kuroda Institute Studies in East Asian Buddhism 19. Honolulu: University of Hawaii Press.

Berkowitz, Alan J. 2004. "The Last Piece in the *Wen Xuan*, Wang

Sengda's 'Offering for Imperial Household Grandee Yan.'" *Early Medieval China* 10-11, part 1: 177-201.

Birnbaum, Raoul. 1979. *The Healing Buddha*. Boulder, CO: Shambhala.

Bloch, Maurice. 1974. "Symbols, Song, Dance and Features of Articulation: Is Religion an Extreme Form of Traditional Authority?" *European Journal of Sociology* 15, no. 1: 54-81.

Bokenkamp, Stephen R. 2007. *Ancestors and Anxiety: Daoism and the Birth of Rebirth in China*. Berkeley, CA: University of California Press.

Boucher, Daniel. 1996. "Buddhist Translation Procedures in Third-Century China: A Study of Dharmarakṣa and His Translation Idiom." Ph.D. diss., University of Pennsylvania.

Bourdieu, Pierre. 1977. *Outline of a Theory of Practice*. Translated by Richard Nice. Cambridge: Cambridge University Press.

Brokaw, Cynthia J. 1991. *The Ledgers of Merit and Demerit: Social Change and Moral Order in Late Imperial China*. Princeton, NJ: Princeton University Press.

Buswell, Robert E., Jr., ed. 1990. *Chinese Buddhist Apocrypha*. Honolulu: University of Hawaii Press.

Buswell, Robert E., Jr., and Donald S. Lopez, Jr., eds. 2014. *The Princeton Dictionary of Buddhism*. Princeton, NJ: Princeton University Press.

Butler, Judith. 1997. *Excitable Speech: A Politics of the Performative*. New York: Routledge.

Cabezón, José Ignacio. 1996. "Firm Feet and Long Lives: The *Zhabs brtan* Literature of Tibetan Buddhism." In Cabezón and Jackson 1996, 344-57.

Cabezón, José Ignacio, and Roger R. Jackson, eds. 1996. *Tibetan Literature: Studies in Genre*. Ithaca, NY: Snow Lion.

Chappell, David. 2005. "The Precious Scroll of the Liang Emperor: Buddhist and Daoist Repentance to Save the Dead." In *Going Forth: Visions of Buddhist Vinaya*, edited by William M. Bodiford, 40-67. Honolulu: University of Hawaii Press.

Collins, Steven. 1998. *Nirvana and Other Buddhist Felicities: Utopias of the Pali Imaginaire*. New York: Cambridge University Press.

Conze, Edward. 1975. *The Perfection of Wisdom in Eight Thousand Lines & Its Verse Summary*. Bolinas, CA: Four Seasons Foundation.

Coomaraswamy, Ananda K. 1977. "Ornament," orig. 1939. Reprinted in *Coomaraswamy I, Selected Art and Papers: Traditional Art and Symbolism*, edited by Roger Lipsey. Bollingen Series 89. Princeton, NJ: Princeton University Press.

Copp, Paul. 2008. "Notes on the Term 'Dhāraṇī' in Medieval Chinese Buddhist Thought." *Bulletin of the School of Oriental and African Studies* 71, no .3: 493-508.

———. 2014. *The Body Incantatory: Spells and the Ritual Imagination in Medieval Chinese Buddhism*. New York: Columbia University Press.

Crosby, Kate, and Andrew Skilton, trans. 1996. *The Bodhicarayāvatāa: Śāntideva*. Oxford: Oxford University Press.

Cutter, Robert Joe. 2004. "Saying Goodbye: The Transformation of the Dirge in Early Medieval China." *Early Medieval China* 10-11, part 1: 67-129.

Davidson, Ronald. 2009. "Studies in Dhāraṇī Literature I: Revisiting the Meaning of the Term Dhāraṇī." *Journal of Indian Philosophy* 37, no. 2: 97-147.

Davis, Edward L. 2001. *Society and the Supernatural in Song China*. Honolulu: University of Hawaii Press.

Dehejia, Vidya. 2009. *The Body Adorned: Sacred and Profane in Indian Art*. New York: Columbia University Press.

Demiéville, Paul. 1937. "Byō." In *Hôbôgirin: dictionnaire encyclopédique du bouddhisme d'après les sources chinoises et japonaises*. Edited by Paul Demiéville, et al. Tokyo: Maison franco-japonaise, 1929.

———. 1985. *Buddhism and Healing: Demiéville's Article " Byō" from " Hōbōgirin."* Translated by Mark Tatz. Lanham, MD: University Press of America.

Drège, Jean-Pierre ed. 1996. *De Dunhuang au Japon: études chinoises et bouddhiques offertes à Michel Soymié*. École pratique des

Hautes Études, Sciences historiques et philologiques; Collège de France, Institut des Hautes Études Chinoises, ser. 2, Hautes Études Orientales, 31. Geneva: Libraire Droz.

Faure, Bernard. 1991. *The Rhetoric of Immediacy: A Cultural Critique of Chan/Zen Buddhism*. Princeton, NJ: Princeton University Press.

Filliozat, Jean. 1980. "Sur le domaine sémantique du *puṇya*." In *Indianisme et Bouddhisme: mélanges offerts à Mgr. Étienne Lamotte*, Publications de l'Institut Orientaliste de Louvain 23, 101-16. Louvain: Institut Orientaliste.

Foucault, Michel. 1972. *The Archaeology of Knowledge*. Translated by A.M. Sheridan Smith. New York: Pantheon.

Fuchs, Walter. 1930. "Zur technischen Organisation der Übersetzungen buddhistischer Schriften ins Chinesische." *Asia Major* 6: 84-103.

Gallagher, Catherine, and Stephen Greenblatt. 2000. *Practicing New Historicism*. Chicago: University of Chicago Press.

Gernet, Jacques. 1995. *Buddhism in Chinese Society: An Economic History from the Fifth to the Tenth Centuries*. Translated by Franciscus Verellen. New York: Columbia University Press.

Gimello, Robert M. 1978. "Random Reflections on the 'Sinicization' of Buddhism." *Society for the Study of Chinese Religions Bulletin* 5: 52-89.

Gombrich, Richard F. 1973. "'Merit Transference' in Sinhalese Buddhism: A Case Study of the Interaction between Doctrine and

Practice." *History of Religions* 11, no. 2: 203-19.

Gotō Akio. 2013. "Japanese *Ganmon*: Their Character and the Current State of Research." In "Comparative Research on 'Written Prayers' (Yuan-wen/Ganmon) in China and Japan." Special issue, *Acta Asiatica* no. 105: 19-33.

Granoff, Phyllis, and Koichi Shinohara, eds. 2012. *Sins and Sinners: Perspectives from Asian Religions*. Leiden: E. J. Brill.

Greene, Eric. 2012. "Meditation, Repentance, and Visionary Experience in Early Medieval Chinese Buddhism." Ph.D. diss., University of California, Berkeley.

Gregory, Peter N. 1991. *Tsung-mi and the Sinification of Buddhism*. Princeton: Princeton University Press.

Groner, Paul. 2012. "The Role of Confession in Chinese and Japanese Tiantai/Tendai Bodhisattva Ordinations." In Granoff and Shinohara 2012, 216-42.

Hall, Stuart. 1997. "The Work of Representation." In *Representation: Cultural Representations and Signifying Practices*, edited by Stuart Hall, 13-74. London: Sage.

Her, Rey-Sheng. 2009. "Treat Patients as Teachers: The Realization of the Tzu Chi Medical Mission." Unpublished paper, First International Symposium on Monk and Medicine, Renmin University, Beijing, December 2009.

Huang Zheng. 2013. "An Overview of *Yuan-wen* from Dunhuang." In

"Comparative Research on 'Written Prayers' (Yuan-wen/Ganmon) in China and Japan." Special issue, *Acta Asiatica* no. 105: 1-17.

Hureau, Sylvie. 2012. "Résumés de conferences 2010-2011: Recherches sur le *Fayuan zayuan yuanshi ji* de Sengyou (445-518), première anthologie de rites bouddhiques." *Annuaire de l'École pratique des hautes études (EPHE), Section des sciences religieuses* 119: 35-41.

———. 2013. "Résumés de conferences 2011-2012: I. Recherches sur le *Fayuan zayuan yuanshi ji* de Sengyou (445-518), première anthologie de rites bouddhiques (suite)." *Annuaire de l'École pratique des hautes études (EPHE), Section des sciences religieuses* 120: 9-12.

———. 2014. "Résumés de conferences 2012-2013: I. Recherches sur le *Fayuan zayuan yuanshi ji* de Sengyou (445-518), première anthologie de rites bouddhiques (suite)." *Annuaire de l'École pratique des hautes études (EPHE), Section des sciences religieuses* 121: 53-58.

Idumi Hokei. 1930. "The Hymn on the Life and Vows of Samantabhadra." *Eastern Buddhist*, 1st ser., 5, no. 2: 226-47.

Jamentz, Michael. Forthcoming. "The Arc of an Idea: Shōdō, Performing Language." Unpublished paper.

Keane, Webb. 1997. "Religious Language." *Annual Review of Anthropology* 26: 47-71.

Kieschnick, John. 1997. *The Eminent Monk: Buddhist Ideals in Medieval Chinese Hagiography*. Honolulu: University of Hawaii Press.

——. 2003. *The Impact of Buddhism on Chinese Material Culture*. Princeton, NJ: Princeton University Press.

Kieschnick, John, and Meir Shahar, eds. 2014. *India in the Chinese Imagination: Myth, Religion, and Thought*. Philadelphia: University of Pennsylvania Press.

Kim Minku. 2011. "The Genesis of Image Worship: Epigraphic Evidence for Early Buddhist Art in China." Ph.D. diss., University of California, Los Angeles.

Kim Moonkyong. 2013. "Introduction: Towards Comparative Research on 'Written Prayers' (*Yüan-wen/Ganmon*) in China and Japan." In "Comparative Research on 'Written Prayers' (Yuan-wen/Ganmon) in China and Japan." Special issue, *Acta Asiatica* no. 105: iii-xiv.

——. 2013. "The *Ganmon* as an Example of the 'Ritual Arts and Literature': The View from East Asia." In "Comparative Research on 'Written Prayers' (Yuan-wen/Ganmon) in China and Japan." Special issue, *Acta Asiatica* no. 105: 35-55.

Kuo, Li-ying. 1994. *Confession et contrition dans le bouddhisme chinois du Ve au Xe siècle*. Paris: École française d'Extrême-Orient.

Lai, Whalen W. 1987. "The Earliest Folk Buddhist Religion in China:

T'i-wei Po-li Ching and Its Historical Significance." In *Buddhist and Taoist Practice in Medieval Chinese Society: Buddhist and Taoist Studies II*, edited by David W. Chappell, 11-35. Honolulu: University of Hawaii Press.

Lamotte, Étienne. 1944-1980. *Le traité de la grande vertu de sagesse de Nāgārjuna (Mahāprajñāpāramitāśāstra)*. 5 vols. Louvain: Muséon; Institut Orientaliste.

———. 1958. *Histoire du bouddhisme indien: des origines à l'ère Śaka*. Reprint, Louvain-la-Neuve: Institut Orientaliste, 1976.

Link, Arthur E. 1958. "Biography of Shih Tao-an." *T'oung Pao* 46: 1-48.

Lowe, Bryan D. 2017. *Ritualized Writing: Buddhist Practice and Scriptural Cultures in Ancient Japan*. Honolulu: University of Hawaii Press.

Magnin, Paul. 1996. "Donateurs et jouers en l'honneur du Buddha." In *Du Dunhuang au Japon: Études chinoises et bouddhiques offertes à Michel Soymié,* edited by Jean-Pierre Drège, École pratique des Hautes Études, Sciences historiques et philologiques, Collège de France, Institut des Hautes Études chinoises, 2, Hautes Études orientales, 31, 103-40. Geneva: Librairie Droz.

Mai, Cuong T. 2009. "Visualization Apocrypha and the Making of Buddhist Deity Cults in Early Medieval China: With Special Reference to the Cults of Amitābha, Maitreya, and Samantabhadra."

Ph.D. diss., Indiana University.

Mair, Victor H. 1994. "Buddhism and the Rise of the Written Vernacular in East Asia: The Making of National Languages." *The Journal of Asian Studies* 53, no. 3: 707-51.

Makransky, John. 1996. "Offering (*mChod pa*) in Tibetan Ritual Literature." In Cabezón and Jackson 1996, 312-30.

Mollier, Christine. 2008. *Buddhism and Daoism Face to Face: Scripture, Ritual, and Iconographic Exchange in Medieval China*. Honolulu: University of Hawaii Press.

Monier-Williams, Monier, Sir. 1899. *A Sanskrit-English Dictionary, Etymologically and Philologically Arranged with special Reference to Cognate Indo-European Languages*, new ed. Oxford: Oxford University Press.

Nagao, Gadjin M. 1991. "Usages and Meanings of *Pariṇāmanā*." In *Mādhyamika and Yogācāra: A Study of Mahāyāna Philosophies, Collected Papers of G. M. Nagao*, edited and translated by Leslie S. Kawamura, 83-90. Albany: State University of New York Press.

Nakamura Hajime. 2000-2005. *Gotama Buddha: A Biography Based on the Most Reliable Texts*. Translated by Gaynor Sekimori. 2 vols. Tokyo: Kosei Publishing Co.

Nyanaponika, Thera, and Bhikkhu Bodhi. 1999. *Numerical Discourses of the Buddha: An Anthology of Suttas from the Aṅguttara Nikāya*. Walnut Creek, CA: Alta Mira Press.

Ohnuma, Reiko. 2005. "Gift." In *Critical Terms for the Study of Buddhism*, edited by Donald S. Lopez, Jr., 103-23. Chicago: University of Chicago Press.

——. 2007. *Head, Eyes, Flesh, and Blood: Giving Away the Body in Indian Buddhist Literature*. New York: Columbia University Press.

Payne, Richard K. 1997. "The Tantric Transformation of Pūjā: Interpretation and Structure in the Study of Ritual." In *India and Beyond: Aspects of Literature, Meaning, Ritual, and Thought*, edited by Dick van der Meij, 384-404. London: Kegan Paul.

——. "Ritual." In Buswell 2004, 723b-26a.

Reader, Ian and George J. Tanabe, Jr. 1998. *Practically Religious: Worldly Benefits and the Common Religion of Japan*. Honolulu: University of Hawaii Press.

Rhys Davids, Thomas W. 1890-1894. *The Questions of King Milinda*. 2 vols. The Sacred Books of the East 35-36. Oxford: Clarendon Press.

Ricouer, Paul. 1970. *Freud and Philosophy: An Essay on Interpretation*. Translated by Denis Savage. New Haven: Yale University Press.

Robson, James. 2012. "Sin, Sinification, Sinology: On the Notion of Sin in Buddhism and Chinese Religions." In Granoff and Shinohara, 2012, 73-92.

Salguero, C. Pierce. 2014. *Translating Buddhist Medicine in Medieval*

China. Philadelphia: University of Pennsylvania Press.

———, ed. 2017. *Buddhism and Medicine: An Anthology of Premodern Sources*. New York: Columbia University Press.

Schopen, Gregory. 1975. "The Phrase *sa pṛthivīpradeśaś caityabhūto bhavet* in the *Vajracchedikā*: Notes on the Cult of the Book in Mahāyāna." Reprinted in Schopen 2005, 25-62.

———. 1984. "Filial Piety and the Monk in the Practice of Indian Buddhism: A Question of 'Sinicization' Viewed from the Other Side." Reprinted in Schopen 1987, 56-71.

———. 1987. *Bones, Stones, and Buddhist Monks: Collected Papers on the Archaeology, Epigraphy, and Texts of Monastic Buddhism in India*. Honolulu: University of Hawaii Press.

Sen, Tansen. 2002. "The Revival and Failure of Buddhist Translations during the Song Dynasty." *T'oung Pao*, 2nd ser., 88, nos. 1-3: 27-80.

Sharf, Robert. 2002. *Coming to Terms with Chinese Buddhism: A Reading of the Treasure Store Treatise*. Honolulu: University of Hawaii Press.

Shields, Anna M. 2007. "Words for the Dead and the Living: Innovations in the Mid-Tang 'Prayer Text' (*Jiwen* 祭文)." *T'ang Studies* 25: 111-45.

Sivin, Nathan. 2015. *Health Care in Eleventh-Century China*. Archimedes: New Studies in the History and Philosophy of Science and Technology 43. Cham, Switzerland: Springer.

Skilling, Peter. 2007. "For Merit and Nirvana: The Production of Art in the Bangkok Period." *Arts Asiatiques* 62: 76-94.

Sontag, Susan. 1978. *Illness as Metaphor*. New York: Farrar, Straus and Giroux.

Spink, Walter M. 2005-2017. *Ajanta: History and Development*, 7 vols. Leiden: Brill.

Stevenson, Daniel Bruce. 1987. "The T'ien-t'ai Four Forms of Samādhi and Late North-South Dynasties, Sui, and Early T'ang Buddhist Devotionalism." Ph.D. diss., Columbia University.

———. 2009. "Buddhist Practice and the *Lotus Sūtra* in China." In Teiser and Stone 2009, 132-50.

Stewart, David. 1989. "The Hermeneutics of Suspicion." *Journal of Literature and Theology* 3, no. 3: 296-307.

Strickmann, Michel. 1990. "The *Consecration Sūtra*: A Buddhist Book of Spells." In Buswell 1990, 75-118.

Sure, Heng. 2003. "Sacred Literature into Liturgy: Jingyuan (1011-1088) and the Development of the Avatamsaka Liturgy in Song China." Ph.D. diss., Graduate Theological Union.

Swanson, Paul L. 1989. *Foundations of T'ien-t'ai Philosophy: The Flowering of the Two-Truth Theory in Chinese Buddhism*. Nanzan Studies in Religion and Culture. Berkeley, CA: Asian Humanities Press.

Takata Tokio. 2003. "Multilingualism in Tun-huang." In "Tun-huang and Turfan Studies." Special issue, *Acta Asiatica* no. 78: 1-15.

Tambiah, Stanley J. 1979. "A Performative Approach to Ritual." *Proceedings of the British Academy* 65:113-69.

Teiser, Stephen F. 1988. *The Ghost Festival in Medieval China*. Princeton, NJ: Princeton University Press.

——. 1994. *The Scripture on the Ten Kings and the Making of Purgatory in Medieval Chinese Buddhism*. Honolulu: University of Hawaii Press.

——. 2006. *Reinventing the Wheel: Paintings of Rebirth in Medieval Buddhist Temples.* Seattle: University of Washington Press.

——. 2007. "Social History and the Confrontation of Cultures: Foreword to the Third Edition of *The Buddhist Conquest of China*." In Erik Zürcher, *The Buddhist Conquest of China*: *The Spread and Adaptation of Buddhism in Early Medieval China*. 3rd ed., xv-xxxviii. Leiden: E. J. Brill.

——. 2009. "Ornamenting the Departed: Notes on the Language of Chinese Buddhist Ritual Texts." *Asia Major*, 3rd ser., 22, pt. 1: 201-37.

——. 2012. "A Codicological Study of Liturgical Manuscripts from Dunhuang." In *Dunhuang Studies: Prospects and Problems for the Coming Second Century of Research / Dun'khuanovedenie Perspektivy I Problemy Vtorogo Stoletiia Issledovaniĭ*, Russian Academy of Sciences, Institute of Oriental Manuscripts, edited by

Irina Popova and Liu Yi, 251-56. St. Petersburg: Slavia.

———. 2014a. "The Most Common Healing Liturgy at Dunhuang: An Experiment in Textual Criticism." In *Tōhōgaku kenkyū ronshū: Takata Tokio Kyōju taishoku kinen ronshū (Nichi-Eibun bunsatsu)* 东方学研究论集：高田时雄教授退职记念论集(日英文分册), edited by Tōhōgaku kenkyū ronshū kankōkai 东方学研究论集刊行会, 416-37. Kyoto: Rinsen shoten.

———. 2014b. "The Literary Style of Dunhuang Healing Liturgies (患文)." *Dunhuang Tulufan yanjiu* 敦煌吐鲁番研究 14: 355-77.

———. 2017. "Curing with Karma and Confession: Two Short Liturgies from Dunhuang." In Salguero 2017, 322-35.

———. Unpublished. "Diction and Metaphor in Dunhuang Healing Liturgies (患文)." Paper presented at the conference on Prospects for the Study of Dunhuang Manuscripts: The Next 20 Years, Princeton University, September 2014.

Teiser, Stephen F., and Jacqueline I. Stone, eds. 2009. *Readings of the Lotus Sūtra*. Columbia Readings of Buddhist Literature. New York: Columbia University Press.

Tokuno, Kyoko. 1994. "Byways in Chinese Buddhism: The 'Book of Trapusa' and Indigenous Scriptures." Ph.D. diss., University of California, Berkeley.

Walshe, Maurice. 1995. *The Long Discourses of the Buddha: A Translation of the Dīgha Nikāya*. Boston: Wisdom Publications.

Wang-Toutain, Françoise. 1996. "Le sacre du printemps: les cérémonies bouddhiques du 8e jour du 2e mois." In Drège 1996, 73-92.

Yamabe, Nobuyoshi. 1999. "The Sūtra on the Ocean-Like Samādhi of the Visualization of the Buddha: The Interfusion of the Chinese and Indian Cultures in Central Asia as Reflected in a Fifth-Century Apocryphal Sūtra." Ph.D. diss., Yale University.

Young, Stuart H. 2015. *Conceiving the Indian Buddhist Patriarchs in China*. Honolulu: University of Hawaii Press.

Yu, Jimmy. 2012. *Sanctity and Self-Inflicted Violence in Chinese Religions, 1500-1700*. New York: Oxford University Press.

Zacchetti, Stefano. 1996. "Dharmagupta's Unfinished Translation of the *Diamond-Cleaver (Vajracchedikā-Prajñāpāramitā-Sūtra)*." *T'oung Pao*, 2nd ser., 82, nos. 1-3: 137-52.

Ziegler, Harumi Hirano. 2001. "The Sinification of Buddhism as Found in an Early Chinese Indigenous Sūtra: A Study and Translation of the *Fo-shuo Ching-tu San-mei Ching* (The Samādhi-Sutra on Liberation through Purification Spoken by the Buddha)." Ph.D. diss., University of California at Los Angeles.

Zürcher, Erik. 1959. *The Buddhist Conquest of China: The Spread and Adaptation of Buddhism in Early Medieval China*. 2 vols. Leiden: E.J. Brill. 3rd ed., 2007.

——. 1977. "Late Han Vernacular Elements in the Earliest Buddhist

Translations." *Journal of the Chinese Language Teachers Association* 13, no. 3: 177-203.

———. 1991. "A New Look at the Earliest Chinese Buddhist Texts." In *From Benares to Beijing: Essays on Buddhism and Chinese Religion in Honour of Prof. Jan Yün-hua*, edited by Koichi Shinohara and Gregory Schopen, 277-304. Oakville, Ontario: Mosaic Press.

———. 1996. "Vernacular Elements in Early Buddhist Texts: An Attempt to Define the Optimal Source Materials." *Sino-Platonic Papers* 71: 1–31.

出版后记

为弘扬和传承中国传统文化,提升中国文化在世界的影响力,促进复旦大学人文学科的发展,支持复旦大学创建世界一流大学的事业,复旦大学和光华教育基金会共同出资设立"复旦大学人文基金",支持人文学科师资队伍建设和国际交流。

在人文基金的资助和支持下,从二〇一一年开始,复旦大学推出了"光华人文杰出学者讲座"项目,讲座嘉宾经专家委员会讨论确定,由复旦大学校长亲自发函邀请,为复旦大学师生进行系列讲座,以人文知识滋养复旦学子,提升复旦人文学科的研究水平。

"复旦大学光华人文杰出学者讲座丛书"作为讲座的一种成果呈现,是在各位嘉宾在复旦所做学术报告基础上,经后期精心整理创作而成。我们想通过这样一种形式,记录下这些杰出人文学者在复旦校园所做的学术思考,同时也让更多的学人能分享这一学术成果,我们期待今后还会有更多这样的成果奉献给大家，以此为中国人文社会科学的繁荣发展做出一份努力。

这里特别要感谢复旦大学人文基金为举办光华人文杰出学者讲座所提供的资助，感谢人文学科联席会议成员与国际及海峡两岸交流学术委员会专家们为讲座所付出的辛勤工作，讲座的成功举办也得益于复旦大学人文学科各院系师生的大力支持和辛勤付出，在此一并感谢。

复旦大学文科科研处

二〇一三年三月